原力之道

从《星球大战》学到的领导力

[美] 迈克尔·J. 尤里克（Michael J. Urick）著
仇全菊 侯学敏 译

A MANAGER'S GUIDE TO USING
THE FORCE

LEADERSHIP LESSONS FROM
A GALAXY FAR FAR AWAY

中国科学技术出版社
·北 京·

A Manager's Guide to Using the Force by Michael J. Urick.
Copyright © 2021 by Emerald Publishing Limited.
This translation of A Manager's Guide to Using the Force by Michael J. Urick is published under licence from Emerald Publishing Limited of Howard House, Wagon Lane, Bingley, West Yorkshire, BD16 1WA, United Kingdom, through BIG APPLE AGENCY, LABUAN, MALAYSIA.
Simplified Chinese translation copyright by China Science and Technology Press Co., Ltd. All rights reserved.

北京市版权局著作权合同登记 图字：01-2024-0568。

图书在版编目（CIP）数据

原力之道：从《星球大战》学到的领导力 /（美）迈克尔·J. 尤里克（Michael J. Urick）著；仇全菊，侯学敏译 . — 北京：中国科学技术出版社，2024.5

书名原文：A Manager's Guide to Using the Force: Leadership Lessons from a Galaxy Far Far Away

ISBN 978-7-5236-0571-4

Ⅰ . ①原… Ⅱ . ①迈… ②仇… ③侯… Ⅲ . ①领导学 Ⅳ . ① C933

中国国家版本馆 CIP 数据核字（2024）第 056521 号

策划编辑	李清云	责任编辑	褚福祎
封面设计	创研设	版式设计	蚂蚁设计
责任校对	张晓莉	责任印制	李晓霖

出　　版	中国科学技术出版社
发　　行	中国科学技术出版社有限公司销售中心
地　　址	北京市海淀区中关村南大街 16 号
邮　　编	100081
发行电话	010-62173865
传　　真	010-62173081
网　　址	http://www.cspbooks.com.cn
开　　本	880mm×1230mm　1/32
字　　数	130 千字
印　　张	6.5
版　　次	2024 年 5 月第 1 版
印　　次	2024 年 5 月第 1 次印刷
印　　刷	大厂回族自治县彩虹印刷有限公司
书　　号	ISBN 978-7-5236-0571-4 / C·264
定　　价	59.00 元

（凡购买本社图书，如有缺页、倒页、脱页者，本社销售中心负责调换）

谨以此书献给珍妮特（Janet）。我非常爱你。你是我的缪斯女神，我很幸运能陪你左右。尽管我们无法确定谁更喜欢《星球大战》，但击剑经验已经告诉我们谁更适合使用光剑。

作者简介

迈克尔·约瑟夫·尤里克（Michael Joseph Urick）博士是爱墨瑞得（Emerald）出版社"从流行文化中探索行之有效的做法，提升领导力"系列丛书的编辑，也是位于美国宾夕法尼亚州拉特罗布的圣文森特学院麦肯纳商业、经济、政治学院卓越运营管理学硕士（Master of Science in Management: Operational Excellence, MSMOE）项目主任、管理与卓越运营系副教授。尤里克博士在辛辛那提大学获得管理学博士学位（组织行为学方向），在匹兹堡的杜肯大学获得工商管理硕士学位（人力资源管理方向）和理学硕士学位（领导力和商业道德方向），在圣文森特学院获得学士学位。尤里克博士教授本科和研究生课程，课程涉及组织行为学、人力资源、沟通与冲突、组织文化、运营和研究方法。

尤里克博士主管的MSMOE项目，致力于为胸怀大志的领导者提供前沿的管理技术，以有效解决问题，最大限度地减少浪费，并不断完善组织环境。该项目多次荣登Value Colleges评选机构发布的排行榜，被评为"最具价值的五十个管理硕士项目"之一，并被《美国新闻与世界报道》（US News and World Report）评为"最佳在线非MBA商业研究生学位项目"。尤里克博士获得六西格玛❶绿带认证,并通过了美国人力资源管理协会(Society for Human Resource Management)以及肯塔基大学的真正精益项目(True Lean)认证。尤里克博士曾荣获辛辛那提大学林德纳商学院颁发的"卓越教学奖"、圣文森特学院颁发的"昆汀·肖特教师奖",以及商学院和课程认证委员会颁发的"卓越教学奖"等教学荣誉。国际上,他还被美国供应管理协会(Institute for Supply Management)评为学习和教育领域的"年度人物"。

在学术方面,尤里克博士是《领导与管理》(*Leadership and Management*)杂志的副主编,研究领域涵盖了领导力、冲突和工作场所多样性。他的大部分著作探讨如何利用流行文化来推动组织行为理论。同时,他还经常关注组织内部与代际现象相关的问题。除了个人独作或与人合作50多篇学术作品外,他还经常在学术和从业者国际会议上发言,如管理学会(Academy of Management)、工业与组织心理学学会(Society for Industrial and Organizational Psychology)和美国供应管理协会组织的国际会议。他经常就美国和国际工作场所的年龄相关问题发表演讲,积极担任工作场所互动、组织文化和道德规范相关问题的咨询顾问。尤里克博士担任多种学术期刊的审稿人,包括《代际关系》(*Intergenerational*

---

❶ 一种管理策略,由当时在摩托罗拉任职的工程师比尔·史密斯于1986年提出。——编者注

Relationships）、《社会心理学》（Social Psychology）、《组织行为》（Organizational Behavior）和《家庭问题》（Family Issues），以及管理学会年会的组织行为和人力资源部门组织的会议审稿人。在他的博客中，他将自己的研究和教学兴趣结合起来，为读者在当前或未来的工作环境中提供切实可用的建议。

在专业方面，尤里克博士在美国供应管理协会匹兹堡分会（担任主席），美国人力资源管理协会当地分会（担任副主席），以及在其他几个非营利组织的董事会任职。尤里克博士工作经历颇广，在进入学术界之前，他曾在审计、公用事业、环境问题、培训和发展等领域工作过。在工作过程中，他对工作场所的互动以及如何改善这些互动产生浓厚兴趣，进而促进了他的学术生涯的发展。

工作之余，他酷爱音乐。自 1998 年以来，他一直是 Neon Swing X-perience 爵士乐队的成员和领导者，该乐队已在美国 10 多个州巡演，并于 2020 年 5 月发行了乐队的第 10 张专辑。

目录

—原力之道—

从《星球大战》学到的领导力

| 引言 | 原力的力量　　001

| 第一章 | 绝地之道　　007

"绝地"管理学　_010
本书框架　_013
管理学与领导力　_015
小结　_017

| 第二章 | 师徒制　　019

代际师徒制　_022
师徒制的积极影响　_025
互相指导　_028
小结　_030

| 第三章 | 团队合作　　033

"团队"的定义　_036
团队发展阶段　_038
心智模式　_041
应对工作负荷　_043
小结　_045

| 第四章 | **正念与一心多用**　047

正念　_050
一心多用　_054
小结　_055

| 第五章 | **自我牺牲**　057

服务型领导者　_060
追求更广泛的共同利益　_061
明白自己在职场中的角色　_064
情绪的作用　_066
小结　_069

| 第六章 | **价值观**　071

纪律　_074
职责与美德　_076
为最大多数人带来最大的利益？　_080
小结　_081

| 第七章 | **影响力基础**　083

提升影响力　_086
专业和精通　_088
小结　_091

第八章 沟通　093

沟通与领导力理论　_095
自信地交流　_097
从特定角度看待问题　_099
小结　_101

第九章 包容　103

社会认同　_106
多样性类型　_108
绝地武士和多样性　_109
小结　_111

第十章 适应力、韧性和危机应对　113

适应力　_116
韧性　_121
危机　_123
小结　_124

第十一章 失败　127

失败提供了学习和成长的机会　_130
失败与情感的关系　_132
失败与师徒制的关系　_134

关于英雄式领导者的谬论 _135

小结 _138

第十二章 黑暗面 141

达斯·维德的交易风格 _143

动机和冲锋队的表现 _145

黑暗面价值观 _147

领导者为什么会转向黑暗面？ _149

小结 _152

第十三章 绝地管理之道 155

绝地管理者帮助他人成长，同时也不断完善自己 _158

绝地管理者为团队服务 _159

绝地管理者心无杂念 _160

绝地管理者愿意为公共利益做出自我牺牲 _161

绝地管理者技能娴熟、责任心强、品德高尚 _163

绝地管理者想方设法以积极的方式影响他人 _164

绝地管理者自信交流，引起听众共鸣 _164

绝地管理者尊重他人差异 _166

绝地管理者在危机面前具有极强的适应力和韧性 _167

绝地管理者从失败中学习 _168

绝地管理者能抵制黑暗面的诱惑 _169

小结 _170

参考文献	173
附录一	183
附录二	189
致谢	193

引言：原力[1]的力量

本书是"从流行文化中探索行之有效的做法，提升领导力"系列丛书的第一本书，我很荣幸能成为本系列丛书的编辑。本套丛书的目的是帮助读者更清楚地了解领导力理论，更好地将这些理论付诸实践，以此提升自己的管理力和领导力。本书使用的工具是流行文化，模式如下：

领导力理论→流行文化实例→领导者实践

正如我在参与编辑的另一套系列丛书中提到的，领导力理论至关重要（Szpaderski & Urick，2018）。理论之所以重要，是因为理论已经经过学术研究的检验，也就是说，经过学术检验的理论元素可以适用于各种不同的环境。

想要提升领导力的读者最好从理论层面入手，而不是只看一项如何在特定环境中实施领导力的案例研究。没有理论基础支撑的案例研究法是存在问题的，因为研究领导力的学生还是无法理解哪些是行之有效（或无效）的领导力方法。先学习理论，再理解如何应用理论，可以让学习领导力的学

---

[1] 在《星球大战》系列电影中，原力是一种超自然的而又无处不在的神秘力量，是所有生物创造的能量场。——编者注

生理解为什么领导者的行为在特定的环境中卓有成效。本书及系列丛书力争以行之有效的学术理论作为切入点，探索领导力。

这并不是说提供实例不重要。事实上，一旦人们了解了理论，结合实例来说明这些概念就会事半功倍。本系列丛书的实例取自流行文化。在很多情况下，本系列丛书会利用虚构的领导者和想象的情境来阐述领导力理论。乍一看，对于那些想要有实践依据的方法的领导者来说，可能显得不足挂齿，甚至有点愚蠢。但这种利用流行文化的方法却行之有效，主要有以下两个原因。

第一，流行文化充满乐趣，令人难忘。我过去读过许多枯燥乏味的领导力书籍，我相信你也读过。一旦我读完，我经常会忘记书中说了什么，因为它们几乎不能在我的脑海里留下印象。当然，书中提到的观点方法，读者也几乎不可能付诸实践。因此，我希望读者在阅读本书和本系列丛书时，能兴趣盎然。由于本套丛书简洁、易懂、引人入胜，我相信读者会铭记书中的核心概念。

第二，人们能从流行文化，甚至小说中学习到很多道理。在一项关于流行电影如何塑造领导者的研究中（Urick, Gnecco, Jackson, et al, 2015），我和同事们认为，大学生是否选择商业专业可能受在流行电影中接触到的商业领导者是积极还是消极形象的影响。因此，接触和理解流行文化会影响人们的行为。话语理论家认为，社会上讨论的内容（即流行文化）通常会渗透到日常的个人交往中，然后影响人们之间的交流方式（Baxter, 2010）。因此，人们可以了解并利用社会话语来学习如何成为更有效的领导者（Fairhurst, 2010）。这种影响人际互动和领导风格的话语可以来自流行文化，甚至是虚构的流行文化。因此，流行文化可以成为驱动我们行为的强大动力——我们从电影、电视、小说和漫画等媒体看到的行为中学习，与之建立联系并模仿这些行为。

我希望本书和本系列丛书不仅能促使读者通过流行文化的实例来理解领导力理论，还能帮助他们思考如何根据所处的环境，打造自己的领导风格。因此，将理论付诸实践意味着领导者必须通过实例来理解理论，但也必须反思该理论如何在自己独特的群体、团队或组织中发挥作用。有了这样的反思，当与流行文化的虚构领域建立联系时，本书和本系列丛书对读者来说才有价值，才能告诉读者如何发挥影响力，做出正确决定。说来有趣，我在课堂上实践过这种方法，非常有效。学生们在理解流行文化阐述的理论之后，在课堂上进行广泛的讨论，毕业之后，将领导力理论应用到自己的环境中。因此，我相信，利用流行文化来制定有效的领导行为的方法定能结出累累硕果。

就本书而言，我希望读者能在《星球大战》和他们自己的环境（无论是企业、教会、政府机构、运动队、非营利组织还是其他组织）之间建立联系。那么问题来了，为什么要从《星球大战》开始探索领导力呢？

哈佛大学经济学家卡斯·桑斯坦（Cass Sunstein）在其《星球大战的世界》(*The World According to Star Wars*)（2019）一书中指出，《星球大战》可能是流行文化中更持久、更重要的作品之一。《星球大战》系列（包括电影、小说、电视节目、漫画书、主题公园和电子游戏）聚焦"原力"，许多不是《星球大战》粉丝的人也知道其中的人物和故事。很多人都知道达斯·维德（Darth Vader）特有的呼吸方式，以及他是卢克·天行者（Luke Skywalker）的父亲。事实上，《星球大战》久负盛名，它是有史以来被引用较多的流行文化之一，从列出《星球大战》流行语录的网站数量就可窥见一斑（Harris，2020；Kane，2017；Lenker，2020）。

《星球大战》虚拟世界的创造者乔治·卢卡斯（George Lucas）曾经承认，连他也不知道为什么这个系列会保持经久不衰的受欢迎程度（Wakeman，2020）。也许这么多人喜欢《星球大战》的原因之一是它大量借鉴了卡尔·荣格（Carl Jung）的原型理论（Bassil-Morozow，2018；Jung，2014，reprint），引起了观众的共鸣。尽管《星球大战》中讲述的故事发生在遥远的太空，但其在不同的星系和不同的时间，所呈现的人物、主题和想法对我们来说并不陌生。

此外，该系列电影中的特定故事也是"英雄之旅"的典范，其中主角不断求索，最终实现伟业或获得精神启迪（Palumbo，2014）。因此，许多人（包括我自己）通过《星球大战》既找到了自我，又得到了精神寄托。我们通过我们熟悉的原型来观察自己的元素，并以此为榜样，即使不是有意而为之。我们还能在精神上得到慰藉，因为我们自己的经历可能比《星球大战》里的角色要平凡得多，因为我们知道"好人"似乎最终总会取得胜利，这让我们倍感欣慰。

然而，尽管本质上是逃避现实，但我们可以从《星球大战》中学到一些东西。重申一下，我相信当学习过程充满乐趣时，我们能学到更多东西。所以，好好享受这本书吧。我希望你能找到一些对领导实践有所帮助的见解。我期待着"从流行文化中探索行之有效的做法，提升领导力"系列丛书更多书目的面世。

顺便说一句，有些读者可能记不清《星球大战》的剧情。为帮助那些需要重新熟悉《星球大战》中的角色的读者，本书附有附录一和附录二。附录一为本书提及的《星球大战》人物及简介，附录二为本书提及的《星球大战》故事情节，可供读者参考。

第一章

绝地之道

2017年《星球大战》系列电影第8部《最后的绝地武士》(*The Last Jedi*)［自1977年第4部《新希望》(*A New Hope*)上映后推出的第八部"天行者传奇"系列电影］中有一幕：绝地大师尤达（Yoda）化身的绝地英灵打趣绝地大师卢克，尤达提到了卢克所收藏的典籍，告诉他那些古老的绝地典籍虽然内容枯燥，但饱含智慧。尤达似乎也对卢克没有完全理解这些典籍的精髓感到不满。我希望未来的"巴达旺"（Padawan，指那些寻求绝地艺术和原力之道的绝地学徒）像绝地大师尤达所期盼的那样，能真正领悟本书的精髓所在，而不是像卢克那样。当然，也许有些人会觉得本书引人入胜，妙趣横生。

卢克和尤达对话时，卢克已历尽波折。在《最后的绝地武士》中，卢克花费毕生精力学习原力之道，试图训练其他绝地武士，包括大反派凯洛·伦（Kylo Ren），但发现原本已被击败的邪恶力量再次出现，他对绝地武士团（Jedi Order）大失所望。种种经历之后，他对银河系和绝地武士团心灰意冷。担任银河系的保护者是绝地武士团的一大心愿，但处于这种状态中，他已不抱希望。

卢克对绝地武士团大失所望可以理解，但他也忽视了过去几代绝地武士团在银河系的种种善举。在《新希望》中，欧比-旺·克诺比（Obi-Wan Kenobi）告诉卢克，几千年来，绝地武士一直担任正义与和平的卫士。《星球大战》"前传三部曲"中的《克隆人战争》（The Clone Wars）不乏绝地武士团严格遵守信条、追求崇高理想的典例，但在卢克的时代，绝地武士团已辉煌不再。

—— "绝地"管理学 ——

2018年，我在《领导与管理》杂志上发表了一篇文章，文中提到，绝地信条能助推你成为一名非凡的领导者。在《星球大战》虚拟世界中，绝地哲学运用起来合情合理（Urick，2018）。事实上，《星球大战》中的绝地之道以及其他哲学观已被用来分析剖解各类学科，包括但不限于哲学和宗教（Bortolin，2012；Jones，2017）、法学（Peters，2012）、传媒学（Shefrin，2004）和心理学（Langley，2015），甚至还有一本关于绝地信条纲要的"教科书"（Wallace，2012）。

《新希望》电影中某些角色也提到过，绝地武士严格恪守信条，这种古老的信条可以回溯到几代人之前。绝地武士们认为自己与原力同在。

为便于理解，本书中的"绝地"既可指单个绝地武士，也可指绝地武士团。此外，我还会交替使用绝地、绝地武士和绝地大师这三种称号来指代绝地武士团成员或信条尊崇者，这些称号间的细微区别对本书主旨的影响微乎其微（因为我们的目标是成为高效管理者，而不是绝地武士或绝地大师）。无论何种级别，所有的绝地武士都恪守以下信条（Beyer，2019）：

> 无需激情，平静心智。
> 勿随愚昧，顺从真知。
> 勿纵情欲，沉静明意。
> 虽有混沌，安谧仍存。
> 无有灭亡，唯行原力。

尽管绝地武士是《星球大战》电影中虚构的角色，但已有人将绝地之道和绝地哲学改编应用到现实世界中。1977年，乔治·卢卡斯创作《星球大战》虚拟世界时，他也许并没有意识到这会对流行文化产生多大影响。2012年，迪士尼公司从卢卡斯影业公司（Lucasfilm）手中收购了《星球大战》的版权，继续制作《星球大战》系列电影。过去的几十年来，《星球大战》一直是流行文化的中流砥柱，影响范围涉及电影、电视节目、游戏、书籍、漫画，甚至主题公园等领域。

就我个人而言，几年来我写了不少关于流行文化的文章，其中就包括《星球大战》，尤其是它与组织行为学的关系。我发现这种结合行之有效，原因如下：首先，将《星球大战》

中蕴含的哲理运用到理论学习中能让抽象的理论概念（若用传统方式学习则会枯燥无味）读起来轻松有趣。其次，并非所有人都能理解那些传统的商业案例。

举例来说，在我任教的研究生课程中，我的学生形形色色，各有不同。其中有些学生有几十年的工作经验，而有些学生工作经验几乎为零。这些学生来自制造业、医疗保健、人力资源、信息技术和服务行业等各个领域。我教过的学生有实习生，也有首席信息官（CIO）。他们来自美国、英国、印度、德国、中国、土耳其、哈萨克斯坦、埃及和奥地利等国家。现在你明白学习组织行为学和领导力课程的学生是多么复杂多样了吧，每个人的工作经历不同，切身体会也不尽相同。

所以在我看来，相比传统的案例分析方法，使用流行文化作为参考资料，课堂效果事半功倍。我的大部分学生，虽然出身各异，但都接触过各种流行文化元素（如《星球大战》），因此用"遥远的星系"这种科幻元素举例对他们来说更容易接受。学生们可以借助自己熟知的范例，学习领会其他理论。然后，随着他们对理论概念的深入了解，他们就会将所学知识应用到自己的日常生活中。这就是本书的方法论——运用绝地哲学来指导现实管理学实践。因此，本书将使用《星球大战》虚拟世界中的例子来阐述领导力相关理论。

本书框架

虽然阅读本书并不需要熟悉《星球大战》电影中的情节，但看过电影可能在阅读本书时会事半功倍。整本书中，我将探讨领导力和管理学主题，并结合《星球大战》中的例子来阐述，本书涵盖以下内容：

第一章是本书的基本预览和概要。

第二章将具体探讨师徒制问题，但也会泛泛而谈学习问题。《星球大战》中不乏代际指导的例子。师徒制大有裨益，比如在徒弟学习技能和获取情感支持方面。最好的师徒关系能让双方获益，即导师和学员相互学习。

第三章将重点探讨团队合作。绝地武士经常组队作战。电影中的绝地委员会也是一个团队，不同的成员针对不同问题做出决定。在银河系，除了绝地武士外，还有其他各种各样的团队发挥作用。本章以绝地武士团队为例，阐述了团队发展的不同阶段、心智模式的形成，以及他们如何应对工作负荷。

第四章探讨了正念的重要性。正念即时刻具备任务意识，集中精力，排除他念，因此建议管理者不要同时承担太多的任务。由于绝地武士的生活也是一种反思，因此，保持正念也意味着管理者保持思考的状态。

绝地武士和管理者的角色意味着自我牺牲。因此，第五章中，我将探讨管理者如何理解自己在与他人的关系中所扮演的角色、如何实现服务型领导（又称仆人式领导），以及如何实现更广泛的利益。

第六章概述了决策方法的重要性。绝地武士有一套独特的价值观，因此，我首先概述了颇有影响力的道德框架如何为决策提供参考，其次，我将重点介绍责任、美德和共同利益的重要性。

绝地武士是银河系非常有影响力的群体。第七章将探讨如何通过各种权力基础来发挥影响力。具体而言，绝地武士通过使用原力光明面，积累原力来获得大部分影响力。

绝地武士对他们的沟通方式充满信心。他们也有一种呈现"真相"的方式，帮助他们影响他人。因此，第八章将介绍绝地武士的沟通方式。

第九章阐述了分析绝地武士领导方法时必须借鉴的重要价值观，即多样性和包容性。本章探讨绝地武士如何看待内群体和外群体，以及这些群体对他们行为的影响。

几个世纪以来，绝地武士历经风云变幻，然而，他们仍然具有韧性，能够随机应变。因此，第十章探讨了对管理者而言韧性和适应力这两个概念的意义，特别是当出现危急情况需要果断应对时，这两种素质的重要性。

第十一章将探讨失败的概念。绝地武士也不会总是成功，因此，本章将探讨为什么失败是有用的以及如何利用失败，并详细说明我们要接受失败，以及失败如何带来正面影响。

第十二章探讨了黑暗面的诱惑。就管理者而言，本章探讨了导致消极和不道德领导力的因素，重点关注魅力型领导者的一些具体问题。本章还探讨了那些感到被他人孤立的领导者所面临的潜在危险。

最后，第十三章是本书的总结。在第十三章中，我梳理了本书的内容，并提出了其他建议，希望读者可以将本书探讨的诸多理论应用到自己的个人生活中。

—— 管理学与领导力 ——

开始深入探讨"绝地管理学"之前，我们应该首先定义一些术语。尽管"管理者"与"领导者"的含义并不完全相同（Kotter，2012），在一定程度上，本书将交替使用这两个术语。在我看来，所有的管理者都是默认的领导者，因为他们拥有正式头衔，拥有权威（本书第七章在探讨权力基础时，我们将对此进行更多讨论）。如果将领导力定义为发挥影响力的过程，正如达夫特（Daft, 2014）给出的定义，那么任何拥有正式头衔的人都可能拥有影响力。为了发挥影响力，管理者要说服其他人为某个共同的目标而努力。

虽然不是每位管理者都能成功地说服组织中的其他人为共同的目标做出贡献，但我坚信每位管理者都拥有一定程度的影响力，这是因为他们的头衔和在组织结构图中的位置赋予了他们真正的权威。本书将"管理者"和"绝地武士"（在《星球大战》虚拟世界中确实拥有一定程度的真正权威）进行了类比，同时，我认为管理者和领导者之间存在一些相似之处，因为两者都涉及影响力和决策。

鉴于我主攻组织行为学，我在本书中的大部分内容都是假设读者是其所在组织的领导者。当然，本书的原则也可能适用于其他情况，但本书主要适合那些志在组织决策岗位上取得成功的人阅读。

因此，决策是本书强调的另一个重要的考虑因素。在《星球大战》系列电影中，许多绝地武士信奉命运、预言和天意。然而，奇怪的是，尽管如此，《星球大战》中的人物还是有着相当多的选择（Sunstein, 2019）。阿索卡·塔诺（Ahsoka Tano）选择离开绝地武士团，阿纳金·天行者（Anakin·Skywalker）选择追随黑暗面，卢克选择救赎达斯·维德，而蕾伊·天行者（Rey·Skywalker）则选择寻求绝地训练。因此，绝地武士做出了很多决定，就像管理者每天都要面对很多选择一样。

领导者做出决策并发挥影响力时，他们的最终目标往往是期望下属取得业绩。换句话说，管理者希望为下属提供行动的推动力。通常情况下，业绩是指完成一定与工作相关的任务。良好的业绩通常来自那些有助于履行工作职责的行为，或者有助于工作组织变得更好的行为。从本质上讲，领导力和管理学关注的是在个人、团队和组织层面上提高业绩。因此，本书在探讨领导力时，既含蓄又明确地强调了业绩。

虽然阅读本书可能不会让你一夜之间像绝地大师尤达一样拥有强大的原力，但我希望你能从中找到一些灵感，应用到工作中去。无论你是蒸汽农场主（moisture farmer）❶、项目经理、酒吧乐队表演者、财务顾问，还是从事其他工作，如果你的目标是将人们号召在一起，实现共同的目标，并在组织中获得影响力，我相信本书会给你带来一些有用的启示，进而助你反思你的领导风格。

── 小结 ──

本章介绍了"绝地管理学"这一术语。这种管理方法采用了《星球大战》系列电影中流行的绝地哲学元素，提出了可行的建议，以辅助管理者调整他们的领导风格。具体而言，本章探讨了以下几个方面。

- 流行文化可以成为有用的工具，来辅助调整个人的领导风格，使管理者更有影响力，更好地做出影响群体的决定。《星球大战》中的绝地武士是流行文化中生动有趣的例子，因为他们在运用影响力、决策力和表现力方面，体现了形形色色的价值观。
- 在很多情况下，领导力的很多方面都可以让绝地武士取得成功。本书探讨的领导力的各个方面，都由领导

---

❶ 《星球大战》中沙漠行星常见职业。天行者家族之前就是蒸汽农场主。他们使用设备来收集和保存水分，在室内设施中培育农作物。——译者注

力理论视角引入，这些理论均得到各项研究验证。
- 虽然管理学和领导力这两个术语的含义不同，但本书不细分两者的差异，因为绝地武士通过他们的正式头衔发挥影响力。这种影响力也是任何拥有正式管理头衔的人所拥有的领导力基础之一。

本书旨在促使读者反思自己的管理风格/领导风格，并思考本书提出的这些基于研究的理念是否可以应用到其独特的环境中去。我希望读者会觉得本书饶有趣味、引人入胜、内容丰富。我们将在下一章（第二章）开启从绝地学徒到绝地管理者的旅程，探讨绝地武士始终坚守的行为之一：善于指导。

第二章

师徒制

第二章 师徒制

寻求成为绝地武士的人需要了解自己,以及学会如何融入银河系的斗争。例如,在《最后的绝地武士》中,蕾伊寻求卢克作为导师,因为她想学习原力之道。此外,用蕾伊的话来说,她告诉卢克,银河系的斗争无所不在,她需要在斗争中找到自己的归属。

换句话说,蕾伊需要学习,正如其他学徒那样。促进学习的一种方法是通过师徒制,师徒制通常发生在二元关系中[不过不要与《星球大战9:天行者崛起》(*The Rise of Skywalker*)中出现的蕾伊/凯洛·伦的原力关系混淆]。师徒关系中,两个个体一起合作,促进知识迁移(Hunt & Michael, 1983)。当两人对某项知识达成一致时,通过师徒制进行的知识迁移就发生了。

"天行者传奇"的每部电影(共九部)以及动画系列《克隆人战争》和《义军崛起》(*Rebels*)中,绝地武士之间都奉行师徒制。举例而言,如奎-刚·金(Qui-Gon Jinn)和欧比-旺,欧比-旺和阿纳金,阿纳金和阿索卡,凯南·贾勒斯(Kanan Jarrus)和埃兹拉·布里杰(Ezra Bridger),欧比-旺/尤达和卢克,卢克/莱娅·奥加纳(Leia Organa)和蕾伊。

本质上讲，这些师徒关系都是代际师徒关系，"师傅"（即导师）更年长、更成熟、富有经验，而"学徒"（即学员）较年轻、经验较少。在每一对师徒关系中，学徒都能收获颇多，如提升使用原力的技能以及获得情感支持等。尤其是在卢克和蕾伊的师徒关系中，学习是双向的，导师和学徒都能从中学到一些东西或以某种方式受益。本章将探讨师徒制的方方面面。

代际师徒制

许多组织和大众媒体就代际差异进行了广泛探讨。人们经常认为，代际或年龄段之间存在差异，这种差异阻碍了合作。许多人承认经历过代际偏见，他们或其他人对特定年龄段有偏见，由于这种偏见，他们必须在认知上采取策略，打破这种偏见，才能更好地与其他年龄段的人合作（Urick et al, 2016）。

如果这些策略无效，人们在与其他年龄段的人合作时仍然面临挑战，那么组织将无法可持续发展下去，并逐步衍生出苛性文化，不能包容各年龄段的群体；同时由于缺乏沟通，其效率也会降低（Urick, 2019）。此外，随着老员工的离开，新员工承担更多决策导向的角色，组织发展所需的关键知识将无法迁移。促进员工间积极互动和知识迁移的一种方法是鼓励代际师徒制（Sprinkle & Urick, 2018）。

在《星球大战》虚拟世界中,年龄似乎是个大问题。通常来讲,缺乏经验的角色被称为"年轻人"。例如,在星球大战第3部《绝地归来》(*Return of the Jedi*)中,皇帝帕尔帕廷(Palpatine)在与卢克的对抗中称卢克为"乳臭未干"的天行者,以此来贬低他。其他角色被称为"年轻"学徒,甚至"幼徒",他们被贴上经验不足的标签。相比之下,绝地大师尤达在星球大战第2部《帝国反击战》(*The Empire Strikes Back*)中似乎以900岁高龄感到自豪,也许是因为他认为年龄意味着他对原力的深刻认识、理解和掌握。因此,年龄差异在《星球大战》中非常明显。

具体而言,绝地武士团通过代际师徒制的模式,传承数百年的知识,许多绝地武士(例如尤达)甚至把教育他人作为他们的主要使命之一(Wallace,2012)。这种方法在很大程度上行之有效,至少直到许多绝地武士因为66号指令而被追杀。66号指令由帕尔帕廷发出,导致星球大战前传3《西斯的复仇》(*Revenge of the Sith*)中绝地武士覆灭。之后,绝地武士重拾师徒制[比如欧比-旺指导卢克],希望重新点燃绝地武士团的火焰。

在《星球大战》的虚拟世界中,从本质上讲有些代际师徒关系是正式任命的。例如,在星球大战前传1《幽灵的威胁》(*The Phantom Menace*)中,阿纳金被绝地委员会指派为欧比-旺的学徒。然而,有些师徒关系本质上是非正式的。在"后传三部曲"中,蕾伊出于自己的意愿追随卢克,因为她想跟随卢克学习原力之道。

这些师徒关系所得的效果参差不一。举例而言，阿纳金没有遵循他在原力光明面所接受的指导，当他以达斯·维德的身份出现时，他最终堕入黑暗面。另一方面，卢克在《绝地归来》中成功摧毁死星二号，拯救了银河系，并在"后传三部曲"中成为蕾伊的导师（尽管一开始并不情愿），这些部分归功于他自己曾遇到过优异的导师。

指导他人，或者更广泛地讲，教育他人，是变革型领导者的基本职责（Bass，1990），也是管理者可以从绝地武士那里学习的行为。帮助教导那些较年轻、刚加入组织或需要增加经验的人尤其重要。库泽斯（Kouzes）和波斯纳（Posner）（2012）在其畅销书《领导力挑战》（*The Leadership Challenge*）中提出，"亲身示范"是一种以导师为导向的教育方法。当导师从事他们希望其他人效仿的行为时，被指导者会注意到他们的行为，并调整自己的行为来模仿他们（Kouzes & Posner，2012）。《星球大战》中卓有成效的师徒关系（比如卢克在《帝国反击战》中向绝地大师尤达学习如何用原力移动物体）证明了学徒模仿导师的行为（尤达向卢克展示了如何用原力移动沉重的飞船）的重要性。这种代际指导可以产生一些积极影响。

师徒制的积极影响

师徒制强调导师在培养学员获取知识方面所起的作用，这些知识有助于学员承担特定的角色或从事特定的职业。然而，师徒制还包括将学员介绍给可能对其未来职业生涯有影响的其他人（Scandura，1992）。也许大家关注最少的应该是师徒制也可以帮助学员处理工作中出现的情绪（Ismail et al，2015）。

在工作场所，知识、社交网络和情感支持这三方面对新人来说尤其重要。显然，刚进入某个角色、组织或职业的新人，迫切需要培养他们在日常工作中所需的技能、知识和能力。当然，其中大部分新人可以由已经具备这些专业知识的导师来指导。导师应该拥有专门技能，同时培养学员，以便学员在当前或未来的工作中成功地完成任务。

同样，新人也可能还没有建立起自己的职业社交网络。以我为例，在我职业生涯的早期，我还是一名初来乍到的内部审计员。我已经了解了审计工作，但迫切需要一位导师帮助我建立新的人脉，将我介绍给单位里可能会与之打交道的其他人。当我被分配到审计公司的某个职能部门时，我不知道该联系谁，也不知道如何巧妙地提出我的要求。幸运的是，我的团队中有一位颇有经验的审计员，他向我介绍了许多他的熟人，我需要这些社会关系才能完成工作。因此，师徒制可助你建立社交网络，这仅仅是其中的一个例子。学员可以利用师徒关系，建立社交网络，从而为他们在整个职业生涯中的晋升和进步奠定基础。

此外，就我个人经验而言，曾经有导师帮助我了解和管理自己的情绪，我确实获益匪浅。可能大家都有过类似的经历。我还记得我博士刚入学的情景。在此之前，我主要在大公司工作。要说我只是步入大学，换了新环境，那是轻描淡写，有点保守。另外，我对研究人员的角色也很陌生，我发现这个角色有时令人振奋，有时又令人沮丧。幸运的是，我有导师指导，帮助我了解和探索我所经历的相关情绪。她安慰我，让我知道我的感受是正常的。当我取得成功时（比如我的研究成果发表时），她和我一起欢呼；当我遇到挫折时（比如我的研究成果被拒绝发表时），她给我希望。我的导师之所以能做到这一点，部分原因是她在职业生涯早期处于同一阶段时也曾有同样的情绪。

但是，每个寻求师徒关系的人都可能会看重其中一个或多个结果。出于这个原因，学徒必须选择能够最大限度满足他们需求的导师。绝地武士中流行师徒制，这进一步证明，选择正确的导师，以获得自己所寻求的利益是多么重要。例如，在星球大战第7部《原力觉醒》(*The Force Awakens*)中，对于拾荒者蕾伊（Urick, 2016）来说，汉·索罗（Han Solo）似乎是一位奇怪的导师，但影片的开头暗示，如果她决定留在千年隼号上，成为汉·索罗的船员之一，影响她的导师就会出现。众所周知，汉·索罗不是绝地武士，他能教给蕾伊的知识和技能只能与走私、驾驶和维护宇宙飞船有关。虽然这些知识和技能很有趣，也很实用，但这些似乎不是蕾伊想要成长的领域。蕾伊反思过后，意识到她想接受绝地训练，像绝地武士那样使用原力。因此，她转而寻找著名的绝地大师卢克，她希望卢克能传授给她成为绝地武士所需的专业知识。

学徒找到合适的导师时，学徒将在上文提到的各方面受益。例如，绝地大师将他们的学徒介绍给他们身边的人，以帮助他们获得成功。奎-刚一开始指导阿纳金，后来由欧比-旺接替。这两位导师一起将年轻的阿纳金介绍给绝地委员会，最终对他作为绝地武士的角色和生涯产生了很大的影响。起初，绝地委员会并不接受年轻的阿纳金接受绝地训练。然而，由于奎-刚支持阿纳金，并将阿纳金介绍给他的同伴，他们最终还是默许了。向阿纳金打开绝地委员会的大门对他成为绝地武士至关重要，因为在阿纳金成为绝地武士期间（在他堕入黑暗面并成为达斯·维德之前），委员会成员变成了他的同伴。因此，原力连接万物的比喻在这里贴切恰当——导师的作用是将学徒与他们的熟人联系起来，为他们的成功奠定基础。

绝地武士也意识到，学习新事物可能会对自身产生巨大压力，可能会导致个人产生许多情绪。绝地武士常常通过师徒制，寻求找到管理这些情绪的方法。虽然抑制情绪是一种颇有争议的情绪管理方法（这将在接下来的章节中探讨），但绝地武士正是采用了这种方法。

例如，在"前传三部曲"中，绝地武士似乎不鼓励表达浪漫的情感，这说明绝地武士应该抑制感情。负面情绪，如愤怒、恐惧和攻击性，被邪恶的西斯利用，他们是对抗绝地武士的原力黑暗面使用者。《帝国反击战》中，绝地大师尤达告诉他的徒弟卢克要避免这些情绪，因为他担心这些情绪最终会损害卢克的绝地武士生涯。同样，尽管欧比-旺与他的学徒阿纳金建立了友谊，但他有时在教导徒弟时严厉而冷漠，因此没有帮助阿纳金学会正确处理自己的情感。由于欧比-旺未能帮助阿纳金控制自己的负面情绪，最终导致愤怒和恐惧在阿纳金体内积聚，他最终堕入黑暗面。

在《天行者崛起》中，蕾伊即将放弃自己的追求时，卢克化身的绝地英灵帮助她控制自己的情绪。在《最后的绝地武士》中，卢克也处于类似的消极心态，几乎放弃努力，任凭原力黑暗面猖獗。因此，在《天行者崛起》中，他对蕾伊的鼓励是因为他了解她的情绪状态，他能够设身处地、更好地与她沟通。最好的导师似乎能够识别学员的情绪、感同身受、产生共鸣，并加以疏导。

互相指导

然而，师徒关系不仅仅是学员向导师学习。《最后的绝地武士》中蕾伊和卢克就是一个相互指导的完美例子，学徒和导师都从师徒关系中获益，实现了双赢。

蕾伊第一次见到卢克时，卢克是一个头发花白、脾气暴躁的老人，虽然他是绝地大师，但他决定切断自己与原力的联系。他已经放弃了曾经信仰的一切。虽然许多粉丝对卢克的这一角色塑造持异议，但对我来说，他的沮丧合乎情理。就像"正传三部曲"（即第4部到第6部）中卢克成为绝地武士的成长过程一样，我们也注意到在我们的组织中，人们在职业生涯初期充满兴奋、精力充沛，最后却因为加班和倦怠而疲惫不堪，认为自己没有影响力，或者认为自己是失败者。有多少人是这样的呢？是的，卢克仍然拥有知识、技能和能力，他可以传授给蕾伊，但他自己需要能量来继续与原力的黑暗面做斗争，因为《绝地归来》之后的经历已经让他疲惫不堪。

所以，卢克一开始不情愿、不愿把他的知识传授给蕾伊，但蕾伊也教他一些东西作为回报。正是蕾伊点燃了卢克再次与黑暗面战斗的火花，作为绝地大师，卢克再次承担起正义守护者的角色。在阿赫托（Ach-To）岛上，蕾伊一直陪伴在卢克左右，说服卢克传授给她专业知识，尽管卢克最初不情愿，但随着时间的推移，她的乐观态度最终感动了卢克。她给了他希望，让他再次相信抵抗组织，所以他最终勇敢对抗凯洛（卢克训练他之后，他转向了原力黑暗面）。卢克被蕾伊的积极情绪感染并从中受益，而蕾伊则受益于从卢克那里学习的相关知识。

因此，最好的师徒关系意味着相互指导，双方都能获得积极的影响。在课堂上经常看到这种情况，尤其是我和研究生之间的相互指导。我向他们学习，他们也向我学习。我相信我在为他们传授了管理实践相关的学术知识的同时，也从他们分享的个人经历中收获了很多。课堂讨论的理论如何在他们的组织中发挥作用？我会倾听他们的回答，并在讲座中添加额外的例子，补充细节，以便为下一届学生授课所用。

—— 小结 ——

师徒关系对绝地武士很重要，对管理者和领导者也很重要。就像绝地大师对学徒进行原力训练一样，领导者也必须指导他人。本章探讨了师徒制。具体而言，本章涵盖以下内容。

- 师徒制通常是指一个经验丰富的人和一个经验不足的人之间基于学习的关系。
- 良好的师徒关系会带来一种或多种积极影响，其中主要包括拓展学员的知识、提高其技能和能力，也包括建立学员的职业社交网络，并相互提供情感支持。
- 有些人可能本能地认为只有学员才能从师徒关系中受益，但事实往往并非如此。很多情况下，导师也能从师徒关系中获益良多。

师徒制通常涉及导师和学员之间的互动。然而，团队合作则强调多人互动。由于团队合作对经理（绝地武士）也很重要，下一章将关注团队动态。

第三章

团队合作

在《星球大战》"后传三部曲"中，蕾伊不仅寻求知识，还寻求归属感。在现实生活中，并非只有蕾伊这样。在我们的组织中，我们和同事也在寻求归属感。在工作中找到归属感的一种方式是与队友互动。团队合作好处很多，团队合作不仅有助于提高成员的归属感，增强他们的自尊，还有助于促进工作，实现公司目标。

团队往往是实现目标的关键，在《星球大战》虚拟世界中如此，我们的组织中亦是如此。如上章所述，绝地武士在行动中经常师徒成对出现，但他们也参与团队合作。作为绝地武士团管理和决策机构的绝地委员会，就是绝地武士团队合作的一个例子。

绝地武士也在由非绝地武士组成的团队中发挥作用。例如，在《绝地归来》中，卢克和一队非绝地朋友登上了恩多森林卫星，计划摧毁第二死星。同样，在《天行者崛起》中，蕾伊和一队非绝地同伴一起寻找西斯的遗物，以找到皇帝帕尔帕廷的位置。

奇鲁特·伊姆韦（Chirrut Imwe）并不是严格意义上的绝地武士（Blauvelt, 2019），他是一位神秘的原力敏感者。在星球大战外传《侠盗一号》(Rogue One)中,他与一个非原力敏感者团队密切合作,寻找第一死星示意图。本章将以这个特殊的团队为例,因为这个团队完整体现了团队发展的各个阶段。本章将运用《星球大战》中的其他例子,探讨如何在团队内部形成心智模式,以及如何通过团队合作来应对工作负荷。接下来,本章将定义"团队"这一术语。

—"团队"的定义 —

团队是为了追求共同目标而组建的群体。团队有别于其他群体,因为团队成员之间需要互相依赖,彼此负责。换句话说,团队成员在遵守公认的团队规则的同时,要对彼此负责,履行各自的职责。团队成员除了需要相互依赖,还要发挥每个成员的独特技能。值得一提的是,单个人并不具备完成团队目标所必需的技能,但团队作为一个集体,依靠成员的互补技能,朝着共同的期望目标运作和前进。

不言而喻,团队合作与领导力密切相关。例如,包含变革型领导者潜质的团队往往比不含变革型领导者潜质的团队表现得更好(Stewart,2006)。变革型领导者具备四大能力:理想化的影响力(下属将领导者视为榜样)、鼓舞人心的感召力(下属相信领导者倡导的愿景)、智力激发能力(领导者能教导和鼓励下属跳出固有思维)和个性化关怀能力(领导者能平等对待下属并承认他们的独特性)(Bass & Avolio,

1993）。

因此，领导者并不一定需要拥有真正权威的职位或地位。但无论头衔或权威级别如何，成为领导者意味着在团队中履行类似于服务型领导的职能（Greenleaf，1977）。从服务型领导和变革型领导的角度来看，领导者的目标是促进他人的工作。他们帮助其他人一起完成目标，消除阻碍团队发展的障碍。服务型领导者这样做，不是因为这能让他们获得个人荣耀，而是为了集体更好地发展。

《星球大战》中有几个团队，其领导者表现出服务型领导潜质。《克隆人战争》第一集的开场白表明，有效的领导者会激发下属巨大的潜能。这正是服务型领导者为他们的团队所做的——激励队员走向伟大。蕾伊既是一位服务型领导者也是一位变革型领导者。例如，蕾伊的队友因为她积极乐观（理想化的影响力）而希望与她并肩作战。她说服他们相信打败第一秩序的愿景（鼓舞人心的感召力）。在《天行者的崛起》中，他们帮助蕾伊寻找西斯的遗物。她帮助他们跳出固有思维思考，比如波·达默龙（Poe Dameron）动用老朋友来帮助他们（智力刺激）。蕾伊在施展影响力时，尊重每位同伴，并承认他们的独特性（个性化关怀）。然而，在"后传三部曲"中，观众也应该注意到了，蕾伊并不总是在她的团队中扮演领导者角色。例如，她的几个朋友在抵抗组织的级别比她高。因此，变革型领导者的角色通常是非正式的，在团队的不同发展阶段，领导者的角色可以由不同的人承担。

团队发展阶段

每个团队都会经历五个不同的发展阶段，作为管理者或领导者，认识到团队所处的阶段至关重要。这样做可以让你在团队中更有影响力。塔克曼（Tuckman）和詹森（Jensen）（1977）开发了著名的团队发展模型，《侠盗一号》的团队可以很好地解释这一模型。我参与的每个团队都经历过这五个阶段，你可能也深有体会。团队发展模型的五个阶段是组建期（forming）、激荡期（storming）、规范期（norming）、执行期（performing）和休整期（adjourning）。

《侠盗一号》中，奇鲁特·伊姆韦是一位对原力极其敏感的"威尔守卫"，他加入了由琴·厄索（Jyn Erso）领导的团队，执行从银河帝国获取死星设计图的任务。在执行任务过程中，团队逐渐发展壮大。本节将以《侠盗一号》团队为例，介绍这五个阶段，介绍过程中，你可以想想，你个人所在的团队是如何经历这些发展阶段的。

在第一个阶段，即组建期，团队成员第一次聚在一起。在这个阶段，团队成员可能还不清楚他们的集体目标或团队目标，他们甚至可能不熟悉团队中的每位成员，也不太了解每个人的知识、技能和能力。《侠盗一号》中，琴是一名罪犯，被新生的义军联盟（Rebel Alliance）成员卡西安·安多（Cassian Andor）和机器人K-2SO招募，与他们一起对抗邪恶的银河帝国。他们很快就遇到了其他几个人，包括奇鲁特·伊姆韦和他的同伴贝兹·马尔巴斯（Baze Malbus），以及帝国叛逃者菩提·鲁克（Bodhi Rook）。故事刚开始时，没有人熟悉团队中的其他人，他们也都不知道最终的任务是获取死星设计图。

第二个阶段是激荡期，本阶段团队成员间存在冲突、不信任，对团队目标感到困惑。在这个阶段，公开冲突或更微妙的冲突随时可能发生。在《侠盗一号》中，琴对卡西安寻找她父亲的动机感到质疑。此外，团队成员似乎并不完全认为自己是团队的一部分。此时，团队没有形成较强的凝聚力。很显然，《侠盗一号》中，成员们的想法起初并不一致，直到后来他们才明确团队任务是从斯卡利夫（Scarif）星球上银河帝国设施中获取死星资料的计划。

第三个阶段是规范期。在这一阶段，团队成员开始更加了解彼此。他们开始了解每个人的独特性，了解他们每个人的动机和灵感，并很快意识到每个成员拥有的知识、技能和能力。总体而言，团队逐渐明确它们的目标，并磨合出积极的合作方法。每个成员的非正式和正式目标都已确定。在《侠盗一号》中，团队成员一起经历了几次事件，比如寻找琴的父亲，以及被义军联盟的官员询问。这些共同的经历让团队成员建立了信任。此外，团队成员朝夕相处，有机会了解彼此的技能。K-2SO拥有独特的知识，奇鲁特和贝兹是老练的保护者，菩提是一名优秀的飞行员，对银河帝国了如指掌，卡西安和琴是变革型领导者，拥有扎实的领导能力。

第四个阶段是执行期，团队完全发挥作用。团队通过长期以来形成的规范和心智模式实现其目标。成员有效地适应和履行他们的角色，因为他们知道自己的个性以及如何融入整个团队。换句话说，每个成员利用自身的个人知识、技能和能力为实现团队目标做出贡献。在《侠盗一号》中，该团队在了解并利用彼此的优势和弱点后，成功地制订了获取死星资料的计划。团队成员齐心协力，接受并朝着他们的目标努力，即使这可能导致他们走向毁灭。

休整期是最后一个阶段，团队解散，成员各奔东西。在《侠盗一号》中，任务结束后，团队不复存在。最终，他们成功地实现了自己的目标，但走向了灭亡。每个团队，包括《星球大战》中的团队和你自己的工作小组，都会经历这五个阶段，但它们并不总是以线性方式发展。通常情况下，随着团队成员的加入和离开以及团队环境的变化，团队可能会重返早期阶段，甚至跳转到后续阶段。

我要强调的是，每个团队都将经历这些阶段，尽管它们有自己的节奏和时间进程。作为团队的领导者，你要尽可能在早期阶段发挥影响力。一旦团队形成了规范并开始运作，领导者就更难施加影响，特别是当你想改变团队方向时。在接下来的章节中，本书将阐述绝地大师在团队中是如何发挥影响力的，特别是在早期阶段。

心智模式

在规范期,特别是在执行期,团队更有凝聚力,因为成员拥有共同的经历,这些经历增进了彼此的信任和了解,也帮助团队形成了自己的集体思维方式。

这种通过共同经历长期形成的集体思维方式被称为心智模式。拥有强大心智模式的团队包括拥有共同思维方式的个体。心智模式较强的团队往往效率较高,比思维模式较弱的团队更能成功地实现目标(Langan-Fox, Anglim & Wilson, 2004)。通常情况下,团队成员加入时间越久的团队拥有越强的心智模式。这是因为长期以来,这些成员一起经历了许多事情。

对于新加入团队的成员来说,情况正好相反。例如,试想一下,当团队中的其他人已经在团队中待了很长时间时,初来乍到的成员融入团队是多么困难。新成员很可能会觉得自己无法会意许多内部笑话,不能掌握其他成员认为理所当然的共享知识,不具备团队共享的世界观。这些笑话、知识和世界观都源于团队先前的经历,新成员自然无从了解。举例而言,除了从事学术研究以外,我还负责一个乐队,并在其中演奏,有20多年之久。大多数成员都在乐队里待了10年或更久。最近,有一名参与很久的成员离开了乐队,我们在招募新成员时遇到了很大困难。我们邀请来的大多数音乐人都无法理解我们在招募时讲述的内部笑话和离奇故事。所以，为了接替这位即将离任的成员，我们请来了一位熟悉我们乐队的人，尽管这个人以前没有加入过乐队。最终，这个人成功融入乐队，因为他有与我们类似的思维方式和共同的经历。

这并不是说，所有在一起工作时间长，并拥有强大心智模式的团队都会运作良好。事实上，有些团队的思维方式可能过时，可以通过注入新鲜血液加以改进。然而，新人可能很难在成员任期较长的团队中发挥影响力。

阿纳金就遇到了这样的挑战。在"前传三部曲"和《克隆人战争》中，他始终想突破绝地委员会认可的极限。然而，许多绝地武士，如梅斯·温杜（Mace Windu）和尤达已经在委员会工作了很长时间，并对适合绝地武士的行为类型有自己的想法。当然，这些被认可的行为并不像阿纳金在执行任务时所采取的一些行为那么危险。于是，阿纳金感到孤立无援，并与委员会特有的心智模式有些分歧。最终，他选择了追随参议员（未来的皇帝）帕尔帕廷，并最终走向黑暗面。

不适应环境会产生问题，会把人引向黑暗的道路。那些觉得自己没有归属感的人很容易离开团队，尤其是在他们加入团队的早期。如果他们觉得与共同的假设、共同的价值观和预期的行为毫无关系、无法理解，那么他们就会很容易离开团队。

然而，许多团队确实拥有强大的共享心智模式，并且团队工作表现良好。例如，在《新希望》中，卢克、汉·索罗、楚巴卡（Chewbacca）、C-3PO、R2-D2 和欧比-旺组成的团队成功地找到了莱娅公主。作为新成立的团队，随着成员的成长，他们的集体心智模式也在逐渐成熟。团队成员一起被赶出莫斯·艾斯利（Mos Eisley），目睹了被摧毁的奥德朗（Alderaan）星球的废墟，立志要共同反对银河帝国。虽然最初，汉·索罗和楚巴卡可能比其他人更不愿意接受共同的心智模式，但他们最终毅然加入战斗，摧毁死星，并继续为义军联盟而战，直到银河帝国被摧毁。

莱娅公主加入团队时，已经拥有了与团队相似的心智模式，所以能够很快融入团队，并发挥有效作用。因此，拥有与团队集体心智模式相似心态的新人会更容易熟悉团队的规范，理解团队的预期行为，并很快融入团队。这个团队很成功，在"正传三部曲"的三部电影中，团队成员配合默契。

—— 应对工作负荷 ——

工作中的目标太大，一个人无法完成时，团队的作用就凸显出来了。事实上，运作良好的团队的成就之一，就是可以取得个人难以取得的成绩。例如，摧毁死星对个人来说太艰巨了。如果你仔细想想，之前提到的帮助窃取死星资料的团队，正是卢克摧毁死星的团队的早期形式。这两个团队都是更大的义军联盟的分支。虽然他们可能从未见过面，但这些队友都有相同的目标（摧毁死星），但实现这个目标对个人来说太艰巨了。

团队如何帮助成员应对大量工作负载呢？这需要考虑两个具体方面：时间性和技能性。团队可以允许不同团队成员同时完成有助于实现更大目标的小任务，从而帮助实现宏大的共同目标。团队也应该由具有互补技能的个人组成，这样他们可以利用不同能力实现不同的目标。这些能力不可能一个人全部具备。

在《绝地归来》中，卢克是对抗银河帝国的义军联盟成员之一，其他成员包括莱娅、汉·索罗、楚巴卡、兰多·卡瑞辛（Lando Calrissian）、C-3PO（一个具有出色语言翻译能力的协议机器人）和 R2-D2 以及其他前往恩多星球的成员。值得注意的是，正是这支队伍（此时兰多加入）帮助摧毁了第一死星。在这次行动中，团队成员分头行动，完成不同任务。莱娅、汉·索罗、楚巴卡和机器人留在地面上，破坏保护第二死星空间站的防护盾发生器。一方面，卢克在死星内与达斯·维德和皇帝对峙；另一方面，兰多带领义军联盟舰队在恩多和死星上空攻击帝国。

没有一个人（即使是绝地武士）可以身兼三职，同时出现在三个地方（恩多星球的地面上、太空中和死星内）。因此，恩多星球战役中，团队合作至关重要。为了在陆地、太空和空间站内与银河帝国作战，团队成员需要分成三个不同的小组，同时从事各自的任务，因为整体目标对个人来说太庞大了。此外，地面小队需要摧毁防护盾发生器，以便太空小队能够攻击死星。换句话说，团队成员需要相互依赖，在同一时间完成他们独特的工作，尽管他们处于不同的物理位置。

为了应对这些工作负载，一方面基于任务同时完成的需求，另一方面基于团队成员的个人知识、技能和能力，团队进行了拆解。以卢克为例，他是阿纳金的儿子，也是一位训练有素的绝地武士，是团队中唯一一个能够在死星上对抗达斯·维德和皇帝的人。兰多是一名专业的飞行员，所以他参与太空战理所当然。莱娅是天生的领袖，在义军联盟中很有影响力，所以莱娅、汉·索罗和楚巴卡领导地面部队合情合理。地面小队需要一位懂各种语言的人，因为他们在一个不熟悉的星球上，所以让 C-3PO 和搭档 R2-D2 参与地面作战。团队成员应该根据他们与完成任务有关的知识、技能和能力来选择从事特定的行为。

—— 小结 ——

绝地武士经常组队作战。有时这些团队由其他绝地武士组成，有时则由非绝地武士组成。但重要的是，在遥远的星系中，许多工作都是通过团队的形式完成的，就像许多读者完成工作的方式一样。关于团队，管理者和领导者要反思的关键要点如下。

- 团队合作是完成工作目标的必要条件。如果团队中有人表现出变革型或服务型领导者的潜质，即使他们没有正式的管理头衔，团队也会更有效率。
- 每个团队都会经历几个发展阶段才会走向成熟。对于已经形成强大规范和期望的团队来说，领导者将更难施加影响。为了领导团队，领导者应尝试在团队发展的早期阶段施加影响。
- 当所有团队成员都以相同的方式思考和看待环境时，团队就会形成强大的心智模式。强大的心智模式可促使成员对关键计划、目标和预期行为的观点一致。但对于可能与老成员有着不同思维方式的新成员，强大的心智模式可能会成为障碍。作为管理者或领导者，了解团队心智模式的优势将有助于促使成员在工作方式上达成一致，以及理解为什么新人可能感到不受欢迎。
- 从根本上说，团队成员应该拥有完成团队任务所需的知识、技能和能力。因此，应该基于个人的优势分配任务，不同的任务应由不同的队友并行执行。

团队合作可以在同一时间完成大量的工作。一心多用也做到了这一点。但是，由于一心多用是指一个人完成任务，它可能并不如团队合作积极有效。例如，一心多用可能会导致个人不那么专注自己的行为，从而事倍功半。下一章将探讨正念和一心多用。

第四章

正念与一心多用

第四章 正念与一心多用

无论是管理者还是绝地武士都需要集中精力,才能在工作中表现卓越。他们必须要对手头工作保持专注,心无二用。在《星球大战前传》第 2 部《克隆人的进攻》(Attack of the Clones)中,阿纳金、帕德梅·阿米达拉(Padme Amidala)和欧比-旺在竞技场中面临着生死一刻(他们必须在被吃掉之前逃跑),欧比-旺告诉阿纳金要放松,心无旁骛,专心致志。同样地,在《帝国反击战》中,卢克在达戈巴训练时,因分心失神被尤达警诫教诲。

只有心无二用,活在当下,绝地武士和管理者才能大有作为。这也是"使用原力"这句话的本质所在。绝地武士必须与自己的行动和周围环境浑然一体才能使用原力。绝地武士能做很多了不起的事情,如悬浮术、一些出神入化的技艺以及光剑战斗(Windham, 2007)。本章会介绍一些更寻常、更适合管理人员的绝地之术。无论你是利用原力将沉没的 X 翼战斗机转移到陆地上,还是利用原力来牵动项目团队,都要心无旁骛,保持专注,了解一心多用(专注的对立面)的潜在危害。这将带你走向成功之路。

正念

　　正念，也被称为觉察，拥有这种能力的人能够洞悉自我。他们深谙自己的强大，也了解自己的不足，且不限于此。他们知悉自己所处的环境，了解周围的人们，他们知道如何将自己的知识、技能和能力融入其所处的环境。

　　在《星球大战》的虚拟世界中，绝地武士通过多种方式来修炼正念，即原力的调和力量。有些绝地武士天生就能觉察到自我和周围环境。例如，"前传三部曲"中的阿纳金和"后传三部曲"中的蕾伊，在正式修炼前就具备天生的原力敏感性。同样在《曼达洛人》(The Mandalorian)剧集中，格洛古（Grogu）虽然只受过有限的训练，但他在少数情况下也可使用原力。在原力的指导下，这些人物几乎凭直觉就能与周围环境相适应。

　　然而，并不是每个人都如此幸运。例如，在《帝国反击战》中，卢克经受了绝地大师尤达严格的训练。即便如此，尤达依然认为卢克无法处理好这个棘手难题——和父亲达斯·维德交战，因为他缺乏成功所需的专注力和觉察力。然而，卢克坚持不懈地训练，在达戈巴星球上进行冥想，成功蜕变为一名绝地武士。再加上尤达和欧比-旺的指导，卢克最终成功建立正念。普及性和学术性商业出版物已经刊登了许多关于培训和指导的文章，培训和指导也是管理者和领导者需要掌握的技巧。事实上，对于绝地管理者来说，学会学习也十分重要,第三章专门介绍了如何利用师徒制进行学习。在普及性和学术性管理学文献中,对于"冥想"的描写少之又少,但它在我们"绝地管理学"中大有可为。

冥想的方式多种多样,大多数情况下都需要在安静的状态下凝心聚神、冥思苦想。冥想与绝地之道密切相关,油管（YouTube）上不乏关于如何像绝地武士一样冥想的教程,以及绝地背景的冥想音乐（我承认,我写这本书时,经常播放冥想音乐作为背景）。冥想练习是绝地活动的核心,在游戏《绝地:陨落的武士团》中,冥想有助于角色培养技能。因此,冥想有助于提升个人能力。

在工作团队和部门中,冥想也有助于提高业绩。整体而言,冥想大有裨益,可以改善心理状况、个人情绪和生理健康（Erickson, 2016）。冥想还与员工效率以及工作满意度的提高紧密相关（Karimi et al, 2019）。因此,通过冥想,人们可以更高效地完成任务,提高业绩,更加热爱自己的团队。也就是说,冥想有助于个人在团队中利用自己的知识、技能和能力来促成团队目标。

冥想所带来的个人能力的提升,究其根本源自个人具备的专注力。我所说的专注力,是指一个人能够在自己的环境中洞悉自我,并从头脑中过滤掉不必要的杂音。通过一遍又一遍的冥想,一个人可以更为稳练地集中自己的思想。因此,个人便能更轻松地专注于自己的任务,从而实现目标。在一位同事的推荐下,我开始尝试太极拳,有些人会用太极拳来帮助自己进行冥想，提高注意力。我发现，在练习过程中聚焦于自己的呼吸和动作，有助于我平心静气，在日常工作中更心无旁骛。

在《星球大战》的虚拟世界中，绝地之道是一种信仰，它的实现方式之一便是冥想。同样，在现实世界中，冥想也可被认为是一种祈祷形式。当祈祷和冥想被联系在一起时，它们就与个人内在灵性的提升密切相关了。这一关联对于个人工作及领导方式都产生了潜在影响。例如，研究表明，个人灵性与工作完成度休戚相关（Petchsawang & McLean，2017）。

奥利弗·本杰明（Oliver，2019）根据老子的《道德经》改编的绝地作品，更是将领导力理论和道家哲学紧密地联系在一起：

人类往往会忘记，有比领袖更伟大的存在：人类遵守人类法则，人类遵守银河系法则，银河系遵守自然法则，自然遵守原力法则，而原力则按照自己的意志行事。

这表明星系（和原力）之间存在着内在的联系。同时也表明，领导者应责无旁贷承担更高的使命以及内在职责（这一点稍后会详细介绍）。

不但绝地哲学与人们的工作之道休戚相关，绝地武士的举止仪表有时也与某些宗教密切相连，这些联系反过来又极大影响了领导力和职场表现。

例如，在《天行者传奇》(Skywalker Saga)中，绝地武士的形象与东方宗教的僧侣类似。许多绝地武士不仅穿着像僧侣一样的长袍，还像僧侣那样通过苦修来寻求平静。

举个例子，在流亡期间，欧比-旺和尤达相继成了隐士，分别在塔图因和达戈巴（这是两个荒无人烟、与世隔绝的星球）上过着离群索居的生活。对管理者来说需吸取的经验便是要在职场中创造反思和静默的空间，从而对工作保持专注，孜孜不辍。

在《新希望》影片中，欧比-旺告诉卢克，原力是一种连接所有生物的能量场。

因此，仔细思考欧比-旺关于原力的表述，我们会发现这样一个事实：个人的行为可能会对他人和环境产生潜在的影响。万物互联本质上意味着管理者要合理利用手头资源，包括（但不限于）如何利用一手资料，如何管理手下员工。因此，管理者应充分利用资源，确保工作顺利进行。明确事物的互联性后，人们会更加了解自己的职务和工作是如何影响其所处的环境，以及如何反受周围环境的影响。如此，他们就会意识到，做好本职工作，对他人和外界百利而无一害。故此，在开展工作时，他们会更专心致志，全力以赴。

也正因如此，在原力的指引下，绝地武士们坚守使命，矢志不渝。同样地，灵性、宗教、冥想和祈祷都能帮助管理者感受事物间的互联互通，使其在组织和职场中更加心无旁骛，专精苦思。这种专注能让他们更加全身心地投入工作中去。对管理者来说，避免一心多用也有助于集中精力，静气凝神。

一心多用

你是否曾因事情太多、时间太少而感到压力巨大？你是否因各种占据心神的工作而寸步难行？那么很可能你正在遭受分心多用的困扰。这在职场中，包括管理人员在内的各种岗位上都是司空见惯的。

无论是管理者还是绝地武士，都任重道远，责任艰巨，这难免会让他们心有余而力不足。也就是说，因为时间的关系，他们常常被迫将多项工作同时并举。一个人同时处理多重任务，分管多项职务，便是一心多用（Poposki & Oswald, 2010）。因具备一心多用能力成为传奇的绝地武士大有人在。举个例子，在《最后的绝地武士》中，卢克运用原力，将自己的幻象投射到了遥远的克莱特星球上，挺身与凯洛对峙，这实质上就是在同一时间现身两个地点。正如卢克德高望重，备受推崇，那些日理万机、兢兢业业的管理者也常常令人赞佩（Watson & Strayer, 2010）。

然而，一心多用也存在一定危害。在《帝国反击战》中，尤达也提到过，若不全神贯注着眼当下，就会费力劳神，心慌意乱。在上一段提到的《最后的绝地武士》的例子中，当卢克把自己的幻象投射到另一个遥远的星球时，他已耗尽了所有原力。实际上，本体与幻象同一时间现身两个地点，最终导致了卢克就此回归原力（即肉体消散，也可以理解为死亡）。

虽然回归原力的卢克实际上更为强大，然而，对于大部分管理者而言，一心多用有许多弊端，甚至会让管理者遭遇死亡威胁。由于事务繁多、工作超负荷，他们的健康（身体、精神、情感、社交等方面）便会受到侵害。当工作量超出个人承受范围，个人无法同时应对时，就会发生超负荷的情况。这时他就需要更多的竞争性资源（如时间或精力）完成任务（Coverman，1989）。换言之，超负荷任务会导致工作懈怠和效率低下（Adler & Benbunan-Fich，2012）。正如绝地武士须寻求原力的平衡，管理者也必须在管理下属与处理工作之间协调制衡。此外，处理过多工作会让人心绪不宁，无从下手，降低个人的专注能力。

然而，大部分管理者身负重任，遇到危机时需挺身而出，扮演各类角色，担负各种职责，并具备极限抗压的能力（Albrecht，2010）。因此，管理者需要有释放压力的途径，比如冥想和其他提升专注力的训练（Petchsawang & Duchon，2012）。

—— 小结 ——

正念有助于提高效率，而一心多用则事倍功半。这是因为两者都关系到个人是否能把精力集中在手头工作上。正念有助于提高专注力，而一心多用则会分散精力。本章建议：

正念指的是觉察自我，觉察外界环境，以及觉察个人如何融入外界环境。因此，正念就是要掌握事物间的联系。通过冥想等方式探索哲学或宗教往往有助于成功建立正念。管理者若能找到建立正念的方法，那便再好不过了。

一心多用是指在同一时间超负荷工作，给自己增加负担。这些工作可能会造成资源抢夺，时间冲突，带来种种矛盾。为尽量避免分心多用，管理者应量时度力、心无二用以及适当放权。

树立正念以及减少一心多用都是为了提高管理者/领导者的工作效率。然而，管理者/领导者的主要职能是什么？如何评价管理者/领导者的工作效率？不言而喻，管理者/领导者的首要职能是为他人服务，而最精明能干的管理者/领导者就是那些以帮助他人为目的的人。下一章我们将探讨管理者/领导者的服务职责。

第五章

自我牺牲

第五章 自我牺牲

绝地武士需要做出很多牺牲。《星球大战》系列电影中，绝地武士在年幼时就要离开家园，在科洛桑的绝地圣殿接受训练。此外，他们还被禁止谈情说爱，也不能有任何亲密至交，以避免产生个人主义和利己主义思想。虽无须像绝地武士那样极端，但领导者和管理者也仍要做出许多牺牲。管理者可能需要在非工作时间加班加点，面对难以相处的员工时保持正面心态，并处理各种难题，即使做出的决策会费力不讨好。如此牺牲至关重要。

这种自我牺牲合情合理。绝地武士的"牺牲"是第四章训练正念的需要。但自我牺牲这一理念更普遍的是与管理有关，体现在一些公认的领导理论、决策框架和实际的商业实践之中。本章我将探讨服务型领导、功利主义和个人的职场角色认知会如何影响个人的领导风格。同时我还将探讨情绪劳动的负面影响，过度自我牺牲可能会导致情绪劳动，而这则会对工作产生不利影响。情绪劳动是指一个人为了完成工作而不得不掩饰自己的情绪，或者表现出与实际感受不同的情绪（或者不显露情绪）。

服务型领导者

虽然本书已简要介绍了绝地管理学与服务型领导者的关系，但我们仍需深入探讨，因为服务型领导者这一概念是绝地管理法的核心。服务型领导理论认为，领导者应帮助下属扫清障碍，集中精力协调各方，从而带来更大效益（Greenleaf, 1977）。正如第三章中所探讨的，从服务型领导者的角度来看，领导者并不一定拥有崇高地位；相反，他们可以被看作社会群体中的某个角色之一。然而，作为一个特殊角色，领导者的作用独一无二，因为他们协调各方，为群体中的其他人提供便利。

人们常常将服务型领导和变革型领导加以比较，它们之间之前确实存在相似之处，两者都引导下属关注自身利益以外的东西。二者的区别是，服务型领导者的精神内涵在于，它意识到组织内外成员之间息息相通，并认为组织必须为更广泛的共同利益不懈奋斗。这种"共同利益"超越了某个小团队或组织，更适用于社会层面，而变革型领导者更关注小群体的效益。服务型领导者认为，无论领导者的级别、头衔大小，他们都应为这个大群体带来良好发展。稍后我会介绍为更广泛利益服务这一理念。

在这之前，我将探讨服务型领导者、变革型领导者与交易型领导者三者之间的不同之处。从表面上看，交易型领导者可能与绝地型领导者正好相反，而它也是黑暗面（即负面领导）一章中要介绍的内容。然而，如果将其与服务型领导者或变革型领导者结合起来，交易型领导者的负面影响就会大幅下降。交易型领导者是指领导对部下实施奖励和惩罚手段，而部下服从领导的命令指挥，完成其所交给的任务（Bass，1990）。多数下属需要被给予某种形式的奖励以激励他们完成任务。给予下属一定程度的奖励后，领导者可转向服务型或变革型领导模式，这样，下属会更努力勤奋，更认真工作。黑暗面领导者既不是变革型领导者，也不是服务型领导者。他们以个人功利为主要目的，他们的重点放在交易型奖励和惩罚上。

追求更广泛的共同利益

功利主义是影响个人决策的众多理论学说之一（Wilkens，2011）。功利主义认为，决策者的行为要让"最大多数人"受益。这种决策不以领导者的个人利益为目的，往往需要领导者一定程度的自我牺牲。功利主义并不完全代表绝地之道（关于这点会在下一章中详述），但绝地武士在决策时要抛开自己的个人欲望，这一点在某种程度上与功利主义的观点一致。

那么绝地武士在做决定时又应该考虑哪些人呢？在现实中，那些直接或间接受到决策影响（或施加影响）的个人，可以说是成千上万，不计其数。然而，功利主义要求决策者在做出选择时要考虑每个个体。因此，功利主义者需仔细计算评估，决策如何为最大多数人带来最大的利益。在本书的第一章和整个《星球大战》系列中，绝地武士都被认为是"和平与正义的守护者"，而他们关于和平与正义的理念适用于绝大多数人。绝地信条还提到过，和平与正义应该属于所有人。然而，在功利主义者看来，做出一个对"所有人"都有利的决策十分困难，因为难免会有人感到不满。难道真的"所有人"都能被和平与正义地对待？

功利主义理念实质是一种让大多数人得到最大效益的逻辑决策，即使这个决策并不能使每个人受益。理论上，绝地武士会突破此限制，因为和平与正义属于所有人，但在具体事例中，绝地武士做出的许多决策也并不能让所有人都获益。例如，奎-刚和欧比-旺为了让所有人获得和平与正义，决定要训练阿纳金。毕竟，这个孩子肩负着平衡原力的使命。然而，这个决定也让阿纳金离开了母亲身边，阿纳金的离开不仅对他的母亲有害无利，还在后来的"前传三部曲"中，给他的母亲带来了毁灭性后果。最终，这一决定也并没有给原力带来平衡，还导致阿纳金化身为达斯·维德，成为星际中的邪恶反派。

那么，奎-刚和欧比-旺为什么要做出这样的决定？他们应该为如此惨剧负责吗？在我看来，他们训练阿纳金的初衷是好的，不能因其未预见结果而加以谴责。有良好的初衷却没有圆满的结局，难以预料未来的发展，这是因为有限理性的存在（Gigerenzer & Selten，2002）。

有限理性认为，纯粹理性（即完美决策）遥不可及。然而领导者必须根据可获取的信息做出最优决策。因此，没有决策能做到十全十美。决策者不可能将所有精力都用来解决某一难题。人不可能无所不知。在制定和执行决策时，时间、金钱和其他资源总是有限的。人们在做决定时并不总是理性的。在做决定时，人们会使用风险偏好体系进行决策选择。

这些说法都是确切的。决策者在经过短暂权衡后，就会确定一个满意的决策，而不是千思万想，仔细推敲后选择一个最完美的。决策时用到的信息在某些方面都是有限的或有偏好倾向的。预算、时间和其他资源也是有限的。很多时候，人们会让自己的情感来左右自己的决策，并且将感性凌驾于理性之上。大部分人在做决策时，很少会选择最优经验法则和启发法。

借用尤达的话，预测未来难乎其难。人们常常根据预期结果来评判领导者的决策。然而，若能真正预知决策结果，便意味着领导者的确能够预见未来。即便是绝地武士也做不到这一点。功利主义意味着纯粹理性和未卜先知，还包含自我牺牲的理念，但这并不是绝地的决策之法。

因此，这就陷入了僵局。如果绝地武士无法预测未来，但他们又希望结局有益于大多数人甚至每一个人，那他们应基于何种因素做出决策，从而让每个人都获益？引而申之，领导者和管理者应如何决策，从而为"最大多数人"服务？

这些问题将在下一章剖析绝地武士的价值观时进一步探讨。但就目前而言，我们应该认识到，任何决策（包括我们自己的）都可能有所不足。我们的理性是有限的，故而无法达到最优决策，为公众利益带来持续的正面影响。然而，领导者仍要为此而努力，并且仔细思考如何利用自己在职场中的影响力来实现这一目标。

明白自己在职场中的角色

前一章我们提到了正念。正念可以帮助我们适应外界环境。领导者要认识到自己的决策应助益于共同利益，还应思考何种举措适用当下情境，从而产生良好效果。自律有助于提高专注力，从而使领导者做出调整以适应当下境地。个人欲望的自我牺牲能让领导者明白如何在特定情境下以最好的状态服务他人。一位领导者只有既了解自己又了解自己所处的环境，才能真正施展才能，大有可为。为了清楚起见，我所说的情境是指一个人所处的周围环境。我将交替使用"情境"和"环境"这两个术语。这包括但不限于个人的文化背景，与之互动交流的同伴，工作方式，使用的技术，必须遵守的法律法规，以及在其他方面扮演的角色。

经典情境模型由赫西（Hersey）、布兰卡德（Blanchard）和约翰逊（Johnson）于 2007 年提出，这是在特定情境中考量领导决策行为的良策之一。该理论认为，领导者的行为更趋向于以人为中心（即创造良好的组织文化、关注人际关系等）和以生产为中心（即关注工作、关注绩效指标等）的结合。在这两种趋势下，管理者的做法主要为以下几种：对二者都不以为然；将重心只放在其中一方；两者兼顾；两者均劳心苦思，费力经营。

哪种做法能够行之有效，取决于领导者的下属及其所处的职场环境。公司下属的知识、技能和能力水平参差不一。有些人才艺卓绝，而有些人才刚刚入门。他们关于任务参与的意愿强烈程度也各有差别。有些人跃跃欲试，有些人则无所适从。

同样，职场环境中的结构、行业类型、组织文化及其他方面也决定着上述哪种做法卓有成效。例如，在竞争对手瞬息万变、高度创新的外部环境（即组织之外的环境）中，以及在团队技术精湛、工作积极进取的内部环境（即组织内部的环境）中，领导者便需放松管束，集中精力克服阻碍团队发展的障碍。

每个领导者在做决定时，都有自己的行为偏好。然而，并不是每项决策都能在情境中发挥作用。领导者必须灵活调整决策手段，因时制宜，即便这意味着要走出舒适区。在《星球大战》虚拟世界中，绝地武士必须要觉察原力。在训练卢克时，欧比-旺指引他，要学会管理自己的情绪和情感，从而随机应变，融入环境。也就是说，欧比-旺告诫卢克，为了达成目的，必须对当前情境保持专注，心无旁骛。同样地，管理者也必须觉察周围环境，从本质上感知"原力"从而走向成功。值得一提的是，欧比-旺、尤达和其他绝地武士的行为表明，洞悉环境也包括觉察领导者的情绪与环境之间的联系。

—— 情绪的作用 ——

情绪是由某人或某事直接引起的感觉。情绪可能是积极的，也可能是消极的。关注自己的情绪，从而做出更理智的决定，这再好不过。然而，有时候情绪会影响我们的行为方式，让我们无法做出最优决策。如果无法处理这些情绪，领导者就会受情绪劳动的影响。绝地之道并不适用于处理深层情感，深层情感是依恋型反应，可能会对工作带来不利影响。绝地武士以沉思和反思的形式来训练专注力，这种方法本质上是静默沉寂的。因此，绝地武士更倾向于压抑情绪，而不是形于言色。

阿纳金在追求与帕德梅的恋情时频频受阻。他一直压抑着自己的情绪，这也给银河系带来了毁灭性的后果。他不仅要在别人面前隐藏对她的感情，还对欧比-旺产生了嫉妒之心，并且还为离开母亲而感到难过。当他将长期压抑在内心的情绪最终释放出来时，事情就一发不可收拾了。女王去世后，阿纳金为了给母亲复仇，将所有沙民（Sand People）屠杀殆尽，最终在一次光剑战斗中败给欧比-旺后，阿纳金变成了达斯·维德。

情绪压抑会导致情绪劳动，在这种状态下，个人要表现出某种特定情绪以适应其所在职位工作（Morris & Feldman, 1996）。当一个人彻底释放情绪后，除了像阿纳金那样不当的极端情绪表达以外，也会有懒散倦怠和消极工作之类的表现。相对其他人来说，有些人更被情绪劳动所波及，这取决于他们对职场中自己所任角色的理解。

举例来说，绝地武士通常表现得头脑冷静，严肃冷酷。绝地大师尤达还向其他人讲授情绪（尽管是可能导致黑暗面的负面情绪）的危害。因此，绝地武士可能更容易遭受情绪劳动。而管理者在决策时也必须表现得沉着冷静，所以在他们之中情绪劳动也很常见。

在《星球大战》虚拟世界中，绝地武士不得不隐藏自己的真实情绪，就像很多管理者也必须掩饰自己的情绪一样。然而，阿纳金并没有意识到自己的情绪劳动。在《克隆人的进攻》中，帕德梅向阿纳金问到为什么绝地武士不被允许恋爱，阿纳金回答说，绝地武士被允许有以怜悯为前提的无条件的爱。然而，这种类型的爱与阿纳金对她的情绪化爱恋在本质上并不相同，而男女之爱是被禁止的。阿纳金为自己的心意辩护，同时又努力克制对帕德梅的爱，但很明显，他对帕德梅的爱不仅仅是基于怜悯，而是更深厚的情感。换句话说，当人们背负着不被理解认可的深层情绪时，他们会拒绝承认（或不想承认）这个事实。

在《星球大战》系列电影中，被情绪劳动所影响的不仅仅是阿纳金。即使是比阿纳金更加坚毅的欧比-旺，也会压抑自己的情绪。在整个"前传三部曲"中，他对阿纳金严格要求，一丝不苟。然而，在《西斯的复仇》中，欧比-旺与阿纳金进行光剑决斗时，他向阿纳金坦白，他对他的感情就如同对自己的兄弟一般。若他能早些告诉阿纳金这个事实，或许，他们之间的感情不会以如此惨烈的冲突而告终。此外，《克隆人战争》剧集中也暗示了欧比-旺可能也曾有过恋情，而这在他做出事关达洛星球命运的决策时，也产生了一定的影响。

在产生这种强烈的情感波动时，绝地武士总是想方设法隐藏情绪。在我看来，有时候在工作中你不得不这么做。我有时候就是这样。举个我个人的例子，有一次我在去上课的路上被狗咬了，我没办法立马去看医生，因为我已经迟到了。于是，我用口袋里的手帕将伤口包好，继续去上课。那次经历让我百感交集。恐惧、恼怒、担心和沮丧都不足以描述我的心情（再加上肉体的疼痛）。然而，如果我沉湎于这些坏心情里，那我就没办法专心教学了。所以，我必须正视痛苦，控制情绪，这样我才能认真教授所有内容。管理者必须保持头脑冷静，即使他们正在经历情感上的大起大落。

管理个人情绪并不简单，但树立正念和保持专注无疑是管理个人情绪的第一步。就像绝地武士试图平衡原力一样，管理者们应避免沉湎于个人情绪中，以防产生情绪劳动，并努力平衡自我实现正念。当管理者意识到情绪的存在并寻求正确方式加以控制时，他们将受益匪浅。

—— 小结 ——

正如绝地武士会为了银河系的利益而做出牺牲，管理者也应将个人利益置之一旁，优先维护团队利益。这也为管理者带来以下启示。

服务型领导者的决策行为不但寻求组织内部利益，而且还谋求整个社会群体的共同利益。绝地管理者应该努力成为服务型领导者，因为他并不需要通过权力来获取个人利益或荣誉。

领导者要明白众口难调，决策没办法让人人都满意，也要清楚，做出最优决策并非易如反掌。对他人如何影响自己的决策，以及自己的决策如何影响他人，领导者要做到心中有数。

在管理下属方面，有些领导者的举措更胜一筹。每个领导者的职场环境都是独一无二的。因此，领导者必须仔细思考，应采取何种管理手段，才能切合时宜，应时对景。

工作中，情绪通常发挥着重要作用。虽然大庭广众下宣泄偏激情绪极为不妥，但不断压抑情绪也十分不利。管理者必须在正视情绪和顾全大局之间找到平衡。

为他人利益牺牲自我并非易事。对那些顶尖的绝地武士和优秀的领导者来说也相当困难。然而，那些拥有良好价值观的人也许会理解自我牺牲对领导力的重要性。因此，下一章我们将探讨价值观的相关概念。

第六章

价值观

第六章 价值观

本书第一章介绍了绝地信条的相关内容。信条体现了绝地武士的价值观。作为银河系的卫士和守护者，绝地武士需要有崇高的价值观来指导行动。领导者也应自觉接受价值观的引导。管理者在进行日常决策时，应该慎重选择合适的价值观并加以利用。研究绝地武士的价值观，有助于领导者审视自己所持有的价值观，并思考其是否有助于指导决策行动，是否适用于职场之中。

从本质上说，我认为所有关于价值观的讨论都与伦理学有关，伦理学研究对与错的问题。在我看来，伦理学也牵涉到决策的方方面面。尽管从理论或哲学意义上进行对与错的研究意义深远，但应用伦理学对领导者来说更为深中肯綮。应用伦理学认为，个人的道德和价值观会影响其所做的决定。由于几乎所有的决策都是在价值观指导下进行的，本章将价值观定义为：指导决策行为的道德、偏好、理念和思维方式。

绝地武士最根本的价值观包括纪律、责任和德行，甚至在某些方面还对功利主义的相关理念加以修改利用。下面我将逐一讨论这些指导绝地武士决策行为的价值观。

纪律

对很多人来说，纪律一词意义深远，内涵丰富。法国著名作家、哲学家米歇尔·福柯（Michel Foucault）认为，纪律的内在意义与权力有关。他还认为，纪律是指对某物的控制。控制也意味着对他人的掌控，但这种控制方式并不是绝地之法。

反之，控制也可以指对自身的管控。举例来说，在体育运动中制定相关纪律，人们就能像专业运动员那样进行体能训练，增强体质。控制也关系到个人思想。在我攻读博士学位期间，我曾为一次综合考试而悬梁刺股。为了控制心神、集中所有精力在所学学科上，我把自己关在公寓、办公室、咖啡店及其他静谧无人的地方，闭门不出，整天看书。我能在同一个地方学习好几个钟头，甚至一整天。

纪律也可以被看作是一种惩罚形式。犯错的人需要通过纪律来纠正他们的过失，这也是职场中的惯例。当员工做了违背公司规定的事情时，人力资源部通常会介入，并采取"纪律处分"。通过这种做法，公司可以对此类员工的行为加以管控，以避免今后同样错误的发生。

纪律也意味着长期的反思、成长和勤恳工作（Hisker & Urick, 2019）。

纪律的各种定义都有一个共同点，它们都讲述了如何通过长期行动变得更加专注。换句话说，它们都与寻求平衡休戚相关。保持专注有助于领导者掌控自己和周围环境。同样地，保持专注也有助于积极工作，促进组织良好发展（即修正破坏性行为）。要想集中精力，心无旁骛，管理者必须勤恳工作，善于自我提升和自我反省。前面的章节也提到过，善于集中精力的人更易于树立正念。

只有孜孜不懈，才能保持专注，达成平衡。绝地的纪律源自艰巨的任务和训练。为了寻求专注，与原力融为一体，绝地武士必须努力训练，艰辛付出。在《帝国反击战》中，尤达对卢克说过，人们不能仅仅是"想要"努力。人们必须真正"做"到努力。尤达在达戈巴训练卢克时，对卢克的决心进行了测试。尤达告诉卢克，若他立志成为一名真正的绝地武士，他就不应仅是"尝试"学习原力之道。相反，他应该下定决心，付诸行动。也就是说，卢克要在脑海中设立成功的目标，并全心全意努力成为一名真正的绝地武士。他需要勤恳训练，管控自己，积极主动地在原力中寻求平衡，保持专注。因此，绝地管理者要孜孜不懈，勤恳工作。

勤恳工作、寻求平衡以及保持专注都是绝地纪律的一部分，这也是绝地的重要价值观。在《星球大战》中，绝地武士训练有素，艰辛付出，努力寻求平衡，这些做法理念也让领导者受益匪浅。管理者的秘诀就在于为了组织目标孜孜不倦、努力工作。他们也必须弄清楚，对自己来说平衡究竟意味着什么。像绝地武士一样，管理者也必须考虑他们肩负哪些职责，以及哪些行为会被认为是美德。

职责与美德

在《超越保险杠贴纸伦理》(*Beyond Bumper Sticker Ethics*)一书中,史蒂夫·威尔肯斯(Steve Wilkens, 2011)向读者简要介绍了几种指导决策的伦理框架。威尔肯斯关于这些框架的描写虽然简洁精练,但能让读者对各种道德(以及不道德)的思维模式进行对比,这些思维模式会对人们的行为和抉择产生一定影响。

从威尔肯斯的叙述中,我们可以推断出绝地武士是基于康德哲学和德性伦理学进行决策的。伊曼努尔·康德(1724—1804)是德国哲学家,他对责任的重要性进行了大量论述。信奉康德思想的人们同时也信奉责任伦理学。也就是说,人们的决策是在那些他们应该做(但不一定想要做)的事情指导下进行的。康德伦理学认为人们必须遵守义务。为了阐明责任和义务,康德提出绝对道德命令。绝对道德命令从本质上表明,个人只能采取普遍化行为。也就是说,如果每个人都以类似的方式行事,那么人们只应该从事那些能让所有人都获益的活动。人们的责任在于为被压迫者挺身而出(即正义),尊重他人以及诚实。

德性伦理学类似于康德伦理学,由古希腊时期的哲学家(苏格拉底、柏拉图和亚里士多德)提出。德性伦理学认为,用于指导决策的美德对每个人都适用。与康德伦理学类似,对与错的标准在任何地方对每个人都是相同的。因此,在一种情况下的美德在另一种情形下仍是美德。美德是一种积极的品质，源于个人固有的性格。它是两种恶习的中点（例如，勇气是介于懦弱和鲁莽两种恶习之间的美德）。其他一些美德还包括智慧和冷静。本章前面提到的纪律也可以被看作是一种美德。当然，职责和美德之间有着重叠之处。

绝地肩负着正义的使命与责任，欧比-旺在塔图因首次向卢克讲授绝地之道时，把绝地武士团称为正义的守护者。正义涉及对平衡的掌握。"正义"一词有时出现在日常对话中，它指的是个人的决定是公平的，而不是带有个人私怨的。要做到公平，就必须做到公正。正如欧比-旺提到的，绝地武士是银河系正义的守护者，他们必须公平对待银河系的所有居民，无论他们的地位、种族或星球。公平行事就是要仔细斟酌外界因素后，为所有人提供平等的机会。

尊重也是正义的一部分。绝地武士能感知到原力渗透在所有生物之中。在《天行者崛起》中，蕾伊治愈了一条巨蛇，虽然这条蛇是她与同伴的对手，但她感知到蛇的痛苦，产生了怜悯之心，出于对生命的尊重，她使用原力为蛇疗伤。

对绝地武士而言，诚实、真理是十分复杂的概念。真理似乎与尊重和正义息息相关。真理是现实的本质，因此，诚实就是个人对现实的言行认识。此外，为了彰显正义，人们必须了解更多能够指向真相的事实和信息。然而，正如在《绝地归来》中欧比-旺的绝地英灵对卢克所说的那样，人们所相信的真相取决于自己的评判。也就是说，不同的人对

"真相"有不同的看法。

但也有人争辩说，绝地武士在与他人打交道时并非总是诚实以待的。在塔图因星球上，欧比-旺对冲锋队谎称 C-3PO 和 R2-D2 并不是他们正在寻找的机器人（我会在沟通一章中详述）；尤达在与卢克的首次会面时隐瞒了自己的身份；欧比-旺没有告诉卢克他的父亲是达斯·维德。虽然有些人认为后两个例子中的尤达和欧比-旺并没有公然欺骗他人，但大多数人都认为他们二人有所隐瞒，引起误解。然而，他们这些行为实际是为了坚守其他道德：欧比-旺欺骗冲锋队员是为了防止机器人 R2-D2 被帝国找到并遭受苛待；尤达对卢克隐瞒了自己的身份，以测试卢克是否会在不知道自己身份的情况下对自己示以尊重；欧比-旺向卢克隐瞒了达斯·维德的身份以防止卢克意气用事。而在大多数与他人的交往中，绝地武士都是正大光明、彼此坦诚以待的。

绝地武士不但身负重任（如追求正义、尊重和真理），他们还具备很多良好美德，其中一项我们之前也提到过：智慧。智慧就是基于事实和信息基础上更深刻的认识。它涉及对知识的汲取和对环境的深刻感知。这种感知一部分来自对身边关联性的觉察，另一部分来自通过自修而获得的学识。在《西斯的复仇》一片中，当欧比-旺与阿纳金进行光剑决斗时，他向阿纳金宣布"我占据了高地！"，以此来表示他在战斗中占据了上风。阿纳金失去了理智，仍发起攻击，但由于他已经投入了黑暗面，所以最终落败。

另一个美德是勇气。勇气是指决策者要冒着危机或失败的风险做出艰难决定。不过，做出这样的决定并非蠢事。经过训练，绝地大师会做好执行特定的任务的准备。例如，在电影《绝地归来》中，卢克在面对达斯·维德和皇帝帕尔帕廷时表现得英勇无畏，因为他早有准备。他在总结了以往对抗维德的失误和在塔图因拯救汉·索罗的经验之后，再次向帝国发起挑战。

在众多美德之中，我们最终将要讨论的就是冷静。如前所述，绝地禁止产生太过深刻的情感，比如浪漫的爱情。但压抑情感并不意味着缺乏情感，事实上，绝地武士被鼓励探索自己的情感以更好地适应原力。但是，一旦成功适应，他们必须平心静气、理智行事，不能陷入激情、愤怒、恐惧、仇恨或爱情之中。

探讨美德和责任的意义在于，管理者需要进行自我反思，从而确认哪些美德和责任对他们个人来说是必不可少的（对于组织和更广泛的社会群体也是必不可少的）。美德和责任的展现形式千变万化，管理者还必须判断这些（以及其他）美德在不同情境下表现为何种形式。领导者还必须仔细斟酌，进行决策时若面临美德或责任相互冲突无法取舍的情况，该如何抉择。

为最大多数人带来最大的利益？

在前一章中，我提到绝地武士以造福大众为使命，不惜牺牲自己的个人利益。然而，这种做法并不是真正意义上的功利主义，一部分是因为前面提到的理性问题，但是它们之间还存在其他区别。绝地武士追求的是大众利益；真正的功利主义者寻求的是为最多的人获得最大的利益（Wilkens，2011），这两个目标之间是有所区别的。

从某种意义上说，"利益"这个概念本身就存有歧义。首先，对一些功利主义者来说，"利益"可以代指物质财富，但这并非绝地武士所追求的利益（从他们简朴的长袍就可以看出）。其次，"大多数人"这个概念表明，大多数人的意愿是个人做决策时的主要考虑因素。

但对于绝地武士来说，如果多数派的价值观与自己的价值观相冲突，尤其还带有压迫性质，那么多数派的意见便无关紧要了。例如，在"正传三部曲"和"后传三部曲"中，绝地武士多数隶属于义军联盟，少数隶属于抵抗组织。这两个阵营都并非银河系的主力军。至少在"后传三部曲"中，处于"新共和国"时局中的抵抗组织仍未壮大。此外，在《最后的绝地武士》中，抵抗组织的残部也感慨过，与不断壮大的"第一秩序"相比，他们实在是太过弱小了。"正传三部曲"中的义军联盟也被认为是银河帝国统治下的少数派。无论是义军联盟还是抵抗组织，都游走于主流之外。

然而，绝地武士却对起义军和抵抗军表示支持，因为这些组织为那些被暴政压迫、侵略或欺侮的个人提供帮助。这也与蒂莫西·扎恩（Timothy Zahn）所著的三部小说中绝地哲学的内容相呼应（有些影迷认为这是最初的"后传三部曲"，但现在被认为是迪士尼收购版权后的《星球大战》备选故事线之一）。在故事的早期，卢克认为绝地武士不应该为了满足更多人的需要而牺牲少数人的需求。也就是说，对于那些弱势群体、没有发言权以及被边缘化的人，绝地武士应多加关照。

于是，某种平衡之道便应运而生。相较物质主义来说，绝地武士更应顺从道德的指引，在星系间扬善惩恶。他们还应关注弱势群体的需求。管理者也应如此——遵循价值观和道德行事。他们要关注组织中可能被边缘化的个人，并向他们施以援手。

— 小结 —

本章旨在帮助读者反思自己的个人价值观，这对管理者来说有一定的挑战性。绝地武士所奉行的大部分价值观对于管理者来说同样适用。然而，领导者必须仔细斟酌哪些价值观是关键之处，以及何种决策最切合时宜。我相信，在满足个人需求和促进共同利益之间有着两全之法。本章关于价值观的论述主要包括以下内容：

纪律有着多重含义。但对于绝地管理者来说，纪律意味着兢兢业业，勤恳工作，这有助于他们更深刻把握组织环境。

对绝地武士来说，首要的责任和美德包括正义、尊重、诚实、智慧、勇气和冷静。这些都是领导运筹决策的重要助力。

在公共利益方面，绝地管理者不能只听取多数人的观点，还要考虑到其决定对边缘化以及少数派个人的影响。

走向绝地管理者的道路并非坦途。这需要领导者不断自我反省，才能真正领悟自己所需的价值观。在这些价值观的指导下，管理者需要深思熟虑，心无旁骛，做出相应决策。但是，当影响力显著提升后，对价值观进行复盘便是重中之重。本章讨论了价值观的相关内容，下一章我们将探讨领导者如何提升影响力。

第七章

影响力基础

领导力是指领导者和管理者所拥有的影响他人实现目标的能力。有影响力的人善于通过劝说、说服的方式来影响他人的行动或想法。在《绝地归来》影片中，机器人C-3PO被伊沃克人误认为是神。汉·索罗让C-3PO利用这个神圣身份来制止伊沃克人把他和他的朋友当作晚餐。在卢克和原力的帮助下，C-3PO还具备了飞行的能力，这让它在伊沃克人中的影响力大大提升。

除了以上事例外，绝地武士在许多方面都极具影响力。作为一个团体，他们在"前传三部曲"和《克隆人战争》中的声望尤为显赫。整个银河系似乎都知道绝地武士。他们因富有真知灼见而备受尊崇，他们为政要提供庇护，并且还前往遥远的星球帮助扭转政局形势和战争走向。所有这些都表明绝地武士团拥有极高的影响力。

从个人层面上看，在欧比-旺的影响下，卢克离开家园，前往拯救莱娅公主。为了向尤达学艺，卢克从赫特人贾巴（Jabba）手中救出汉·索罗后，便前往了遥远的沼泽星球。在莱娅和蕾伊的带领下，尽管抵抗组织在实力和武器上都处于劣势，但他们仍与第一秩序浴血奋战。本章我们将探讨为何绝地武士能有如此影响力。

— 提升影响力 —

1959 年，弗伦奇（French）和瑞文（Raven）在著名研究中提出了几种权力拥有者赖以提升影响力的基础：法定权、奖赏权、强制权、专家权和参照权。虽然他们的理论已有几十年历史，而且内容相对简单，但这是我最喜欢的领导力理论。我的亲身体验证明，它让我明白了为什么不同的人拥有的影响力也不同。也许你也会对此理论有相同感受。

法定权与个人职位有关。通常，这是一种正式职位权力。拥有这种权力的人一般都是管理人员，而且极具影响力，因为按照公司组织结构，其他人员需向其汇报工作。由于管理者在公司中拥有地位和实权，公司其他成员需正式向其进行汇报，管理者必然具备权力和影响力。

奖赏权往往伴随着正式权力。拥有奖赏权的人也富有权威，因为他们有权分配他人所需物资。在组织中，拥有这种权力基础的人可以分配预算、提高薪资、提拔下属以及实行其他激励措施。

强制权是奖赏权的对立面。拥有这种权利的人有权对下属实施相应惩罚（或取消奖励）。通过强制权，领导者可以降职、减薪、终止或取消下属的其他奖励。

前三种权力通常建立于组织层级之上，而后两种权力本质上更多涉及人际关系。参照权来自个人对领导者的情感反应。持有参照权的个人通常富有"个人魅力",追随者会被这种特质所吸引并与之结交。我们身边都有这样的人,靠近他们,就让人觉得精神焕发,工作起来欢喜愉快。这类人往往就是拥有参照权的人。

专家权指个人在特定任务中表现出的能力。拥有这种权力的人在一定程度上技艺娴熟、知识渊博或经验丰富。这类人的影响力来自两点:首先,他们不但通过教学将知识传授给他人,还常常向他人讲授自己的见解理念。其次,若他们永久脱离工作岗位,那组织很有可能无法正常运作。出于以上原因,与之共事的人都对其言行计从,奉命唯谨。

具备一项权力已是不错,但对领导者来说,兼备多项更加有利,因为这会大大提升他们的个人影响力。领导者拥有的权力基础越多,他们的影响力就越大。绝地武士即拥有多项权力类型,这让他们在整个银河系中都声望显著。

举个例子,绝地武士团中有一定的层级划分。一些绝地武士被授予骑士头衔,还有一些被授予绝地大师的头衔。这些头衔表明,绝地武士团内部的地位划分与个人影响力息息相关,这对整个银河系以及其他非绝地武士团的人来说亦是如此。整个银河系的人们都依据他们的头衔向他们寻求帮助和指导。在绝地武士团内部有绝地委员会。但绝地大师奎-刚并未被绝地委员会接纳,因为他在绝地委员会不同意的情况下坚持要以原力之道训练阿纳金,这让绝地委员会认为他缺乏绝对的服从。这不但表明绝地武士团内部有一定的等级划分，还表明绝地委员会成员颇具影响力，因为他们能够利用自己的权威决策权指导和支配其他绝地武士的行动。

基于决策权之上，绝地武士还持有奖赏权和强制权。在奖赏权方面，欧比-旺、阿纳金和阿索卡经常前往不同星球，在星球居民的请求下，协助他们抵抗分离主义运动。也就是说，他们为星球上的居民提供了实际支持，产生了良好的社会效果。在强制权方面，绝地委员会有权驳回请求，比如奎-刚提出的训练阿纳金的请求。因此，奖赏权和强制权与个人的头衔职位密切相关。

一些绝地武士也拥有参照权。举个例子，尤达是一名强大的绝地武士，虽然在与卢克的首次会面中给卢克带来不少麻烦，但他天生就有许多可爱之处。他的顽皮和独有的讲话风格很讨人喜欢。尽管卢克一开始对他有点恼火，但最终，他对这位绝地大师产生了深厚的感情。不过，专家权是绝地武士所持有的最为显著的权力基础，我们将在下一节中详述这一点。

—— 专业和精通 ——

显然，绝地武士之所以备受尊崇，是因为他们代表着银河系的和平与正义。绝地武士能获得如此殊誉一定程度上源自他们拥有的知识、技能和能力。因此，他们合法的权力基础是基于名副其实的功勋之上的。换句话说，他们的名声彰显着他们的能力。

绝地武士具体有哪些本领？在《星球大战》电影中有很多这方面的突出事例，但有两项与本文最为相关。第一，绝地武士精通谈判。第二，绝地武士擅长战斗。

从谈判方面来讲，在《幽灵的威胁》影片中，欧比-旺和奎-刚由于深谙磋商之道，被派去与贸易联盟谈判。绝地武士还会使用"绝地控心术"，就像欧比-旺在莫斯·艾斯利与冲锋队谈判时所做的那样，当时冲锋队员正在搜捕他身边的机器人，欧比-旺冷静地向他们强调，C-3PO 和 R2-D2 并不是帝国要找的机器人，最终冲锋队员将他们放行并撤离。我也将在下一章中详细介绍这种特殊的沟通之法。但我在这想说的是，绝地武士善于理解他人，这对他们的谈判技巧很有帮助，因为他们能感知他人的需求，也能理解他人的情绪。这种能力类似于情商（Goleman, 2006），即个人可以理解和回应他人的情绪。

当谈判无效时，绝地武士就会转向战斗。虽然这似乎与他们和平卫士的角色相矛盾，但这只是绝对必要时的防御手段，而不是为了侵略而挑起战争。因此，虽然他们骁勇善战，但战斗只是万不得已的选择。即便如此，所有的绝地武士都拥有自己的光剑，以便必要时在战斗中使用。虽然大约十年前我的确在本地一个业余击剑班学习了一些课程，但很遗憾本书并未涉及光剑的相关知识。

然而，与管理学更密切的是，绝地武士不仅骁勇善战，而且还精通掌握军事战略，这也与中国的《孙子兵法》这一著作（许多研究生商业课程都要求阅读）中的有关内容不谋而合。我这么说是因为在《克隆人战争》中，有很多绝地武士（例如尤达、欧比-旺和阿纳金）被授予将军军衔。在我看来，他们胸有谋略才能胜任这一职位。商业领导者虽然不是战士，但若能掌握并制定在市场环境中出奇制胜的战略，有利于他们走向成功之路。从本质上讲，他们的"战斗"就是制定相关战略，创造比竞争对手更多的价值。

当然，除了谈判和战斗，绝地武士还擅长各种各样的事情。他们能用原力移动物体，还能利用原力在银河系中投射自己的形象。但并非所有的绝地武士都擅长同样的事情。同样，并不是所有的管理者都拥有相同的技能。他们也做不到像绝地武士那样（你能用原力移动石头吗？）。

本章的重点在于，管理者须有一技之长，才能走向成功。绝地管理者需要培养的两项技能是：良好的谈判能力（可通过情商增强）和运筹决策能力。除了这两项专业技能以外，管理者所拥有的其他技能各有千秋，因人而异，这并无不妥。在职场中能发挥效用的知识、技能和能力取决于个人的职务、行业类型和组织环境。

小结

若你和我一样，你可能也会经常思考如何能在组织中产生更广泛的积极影响。本章提到的五种权力将有助于你思考如何提高自己的影响力。你还需要考虑以下几点：

拥有一个正式职衔，掌握奖赏权、强制权、专家权，学会鼓舞人心，这些都有助于提高影响力。虽然并非必须达成以上所有要求，但你能够利用的这些条件越多，意味着你的影响力就越大。

作为一名管理者，拥有谈判和运筹决策能力大有裨益。但为了进一步提高领导能力，你也需要掌握其他领域的知识、技能和能力来适应你的职场环境。

在我看来，最有力的权力基础是参照权和专家权，但本章提及的其他权力能有效提高绝地管理者的影响力。本章也提到了绝地武士的谈判能力，当然，谈判本身就意味着必须进行沟通。要善于谈判，就必须善于沟通。因此，下一章我们将进一步探讨绝地的沟通之术。

第八章
沟通

《星球大战》中绝地武士的沟通方式千状万态。在我看来，欧比-旺的交流之术奇妙无比。谁不对他在《新希望》电影中使用的绝地控心术心向往之（并希望自己也拥有这种能力）呢？影片中有一幕，欧比-旺、卢克以及机器人R2-D2、C-3PO进入莫斯·艾斯利，面对冲锋队员，他运用绝地控心术坚称这些机器人不是从莱娅公主的飞船上逃出来的。借助绝地控心术之力，欧比-旺的话语更令人信服。

电影中还有一幕，欧比-旺通过与卢克共鸣的方式向他传递了重要信息。以产生共鸣的方式与人沟通，以信心十足的姿态与人周旋，这是欧比-旺及其他绝地武士拥有的两种技能，它们对管理者和领导者来说同样卓有成效。这两种技能都与一种新型领导理论息息相关。这种理论融合了管理和交流的相关理念。

—— 沟通与领导力理论 ——

绝地管理隶属话语领导力领域。话语分析研究语言的使用，并认为许多信息不仅可以通过严格的字面意思来理解，而且可以通过具体的语言选择来理解（Jørgensen & Phillips, 2002）。对于语言使用来说，诸多理解来自沟通者之间的关系（Baxter, 2010）。例如，人们不会像与至交密友那样与上司交流共处。我与我班上的学生、项目中的导师，或与我乐队中的朋友的交流方式各有不同（谈话内容也相差各异）。你也会根据自己的谈话对象来调整自己的沟通风格。

但是，领导者使用的具体词语和风格不仅与人际关系有关，它们还与人们在特定语境中的信息表达能力有关。当然，语境中包含了领导者与追随者的关系，但也不仅限于此，特别是当领导者必须同时与多个听众或利益相关者沟通时。这些听众的理念、想法或背景各有差别，这就很难生成能让所有人都认同的信息。

盖尔·费尔赫斯特（Gail Fairhurst）博士的研究发人深思。他将话语分析与领导理论相结合。她的工作主要是研究领导者如何利用语言与多个利益相关者沟通，包括下属、客户、主管、供应商和整个社会。费尔赫斯特的理论认为（2010），高效的领导者是那些制定框架的人。制定框架是指开发多种语言技能，与各类利益相关者产生共鸣，互相理解。

制定框架还意味着用他人能够理解的方式传达信息，但这并不是要把信息改头换面，将领导者置于不诚实的境地。相反，有效的领导者以人们都能理解的方式忠实地传达信息，从而实现一种道德的沟通方式（Fairhurst, 2010）。当然，并不是所有的领导者都能成功做到这一点，相较他人来说，有些人更容易制定有效的框架。在星系间，绝地武士成功构建框架，积极与他人交流，提升自身影响力。他们之所以能与听众产生共鸣，是因为他们能够自信地交流。

—— 自信地交流 ——

虽然领导特质理论存在不足之处，但它表明，个人某些内在特征有助于个人成为成功的领导者（Sethuramam & Suresh，2014）。这一理论的主要缺陷之一是，预测领导者能获取成功的特征并未在所有的组织环境中出现（管理学学者也未达成共识）。然而，在多数情况下，按常理来说，领导者需要满怀信心，博得信赖，从而拥有相应的影响力。

只要自信不会发展为过度自信，在多数情况下，这一特质与预测领导者成功的特征最为接近。费尔赫斯特阐释沟通和领导的框架理论与这一论断相一致。为了让听众信服，领导者沟通时必须信心十足。他们借助语言工具与利益相关者产生共鸣。

在《星球大战》系列故事中，有很多绝地武士信心十足进行交流的例子。例如：在本章前面的插图中，冲锋队正在搜寻机器人 R2-D2 和 C-3PO，欧比-旺说服冲锋队员，他和卢克运送的机器人并不是银河帝国正在寻找的机器人。

在《绝地归来》中，绝地大师卢克第一次进入赫特人贾巴位于塔图因星球的宫殿时，底气十足地与比布·福图纳

（Bib Fortuna）交流。福图纳实际上是宫殿的守卫，他有权决定谁可以见贾巴。当卢克和福图纳碰面时，福图纳起初拒绝让绝地武士进入。卢克信心十足地宣称福图纳会带他去见贾巴。似乎被催眠了的福图纳再无其他质询，他重复着卢克的话，让卢克进入了贾巴的房间。

《原力觉醒》中，蕾伊（是一名原力敏感者，即将成为一名绝地武士）被凯洛俘获，并被囚禁于弑星者基地（Starkiller Base，可以同时摧毁多个星球！）。她说服了看守她的冲锋队员，坚定地命令他解开她的束缚，放她离去。

在《星球大战》系列影片中，许多角色都使用过绝地控心术，但这种控心术并没有那么"神乎其技"。虽然以上三个例子都被认为是《星球大战》电影人物使用了控心之术，但实际上，这只不过是在与人交流中满怀信心，坚定不移的表现。每一例中，这些绝地武士都直视着对方的双眼，用坚定的语气与他们交流。

然而，这种方法并不是对所有人都奏效。正如《新希望》中的欧比-旺和《绝地归来》中的赫特人贾巴指出的那样，这种控心术对意志薄弱的人最有效。

因此，只有面对那些对外界信息不加质疑的人，自信行事才最有效。换句话说，由于这些信息被包装得令人信服，他们不会质疑。在卢克和福图纳的例子中，贾巴的守卫并未意识到，绝地武士的说法与他保护主人的想法相冲突。相反，他被卢克的自信所折服。被欧比-旺和蕾伊欺骗的冲锋队，他们很可能并未将个人置入帝国和第一秩序的目标中去。因此，他们缺乏动力，很容易受到影响，故此逃避部分职责（在之后的黑暗面章节中，我们会详细讨论缺乏动力的问题）。

然而，事实是，与意志坚强的人和致力为组织的使命、愿景和目标服务的人沟通时，保持自信至关重要，但这还远远不够。领导者若想与这类人进行沟通并施加影响，必须以他们能够理解并能产生共鸣的方式来传达信息。

—— 从特定角度看待问题 ——

在电影《新希望》中，欧比-旺告诉卢克，达斯·维德杀了卢克的父亲。然而，在《绝地归来》中，卢克得知达斯·维德实际上是他的生父，因此与欧比-旺化身的绝地英灵产生冲突。欧比-旺换了一种方式，他告诉卢克，阿纳金（卢克的父亲在成为达斯·维德之前的名字）受到了黑暗面的诱惑，因此本质上达斯·维德的人格谋杀了阿纳金的人格。欧比-旺并不认为向卢克隐瞒事实是错误的。事实上，他告诉卢克，从某种角度来看，他的陈述并无不妥。在他看来，人们坚持的多数真理都与其未有差别——它们都是基于个人观点之上的。花点时间思考一下：你、我和我们中多数人相信的真理只能从某种角度来看才是"正确的"吗？

虽然欧比-旺坚持自己没有说谎，但他似乎并不是相对主义者。毕竟，他确实也认为某些道德真理总是适用的（参见前面关于绝地伦理观和价值观的章节），这并不属于相对主义的观点。相反，欧比-旺通过引起他人共鸣来传递信息。

信息传递与框架构建类似。通过信息传递，沟通者对信息进行"翻转"，以影响他人的行动或观点。欧比-旺想让卢克对抗银河帝国，他知道达斯·维德是卢克的生父，但他也知道，达斯·维德的价值观和行为与年轻时的阿纳金截然不同。并且，在与欧比-旺进行光剑决斗后，达斯·维德经历了重构，他基本上变成了机器人，不再是人类。因此，在欧比-旺的心目中（尽管从字面上讲阿纳金和达斯·维德可能是一个人），阿纳金和达斯·维德实际上是有内在差异的。对欧比-旺来说，这本质上是两个不同的人。他说达斯·维德背叛并谋杀了卢克的父亲，是在以一种比喻的方式与卢克沟通，与其在情感上产生共鸣，并吁请这位未来的绝地武士能够有所行动。

"信息传递"与"框架"在伦理观念上有所差别。在有些人的伦理观念中，他们可能认为欧比-旺的这种行为是不道德的。从功利主义的角度来看，卢克参与了起义，帮助推翻了银河帝国，最终成了绝地武士，这些都是积极的结果。然而，在费尔赫斯特关于领导力框架的研究中，她认为，为了与目标受众产生共鸣而构建的信息需要合乎道德的表达（即诚实的表述）（2010）。她还认为，不要过多地转述信息，否则信息（以及沟通者）会失去完整性。欧比-旺是否越过了道德和不诚实的底线，这是《星球大战》"正传三部曲"上映以来粉丝们一直在争论的问题。

也就是说，无论你认为欧比-旺进行了不道德的信息传递还是道德的框架构建，我们都必须承认，他善于理解他的目标受众（卢克）的动机。通过与潜在追随者产生共鸣来传递或构建信息是情商的一个组成部分（Goleman，2006）。情商是影响他人的一种因素，它超越了纯粹的认知智力。正如第七章所提到的，情商是一种感知、理解和利用自己以及其他追随者的愿望、动机和情绪的能力。这也是欧比-旺真正的巧妙之处：他通过比喻性的语言来陈述维德的堕落，并与卢克建立了情感上的联系。这促使卢克做出了欧比-旺想要的回应（即卢克接受训练，成为一名绝地武士，并击败了达斯·维德）。同样，组织领导者必须了解下属的动机，并寻求合适的沟通之道，从而与之产生共鸣。

—— 小结 ——

绝地武士的交流之道至关重要，这种交流方式极大地提高了他们的影响力。对于那些寻求成为绝地管理者的人来说，一定要注意你的沟通风格。本章探讨了绝地武士是怎样以及为什么能成为高效的沟通者的，主要内容如下。

领导力的框架方法表明，高效的管理者能够在语言和表达方式上做出深思熟虑的选择，并能与不同受众产生共鸣，传达信息。

自信地沟通至关重要。但与意志坚定的人沟通时，自信远远不够，你还需要有效地构建信息，从而才能成功影响他们。

在构建框架时，在调整信息以引起听众共鸣和过多改动造成信息失准之间，总是有一条微妙的界限存在。管理者必须小心谨慎，确保自己忠实完整地传达信息。

当你成为一名绝地管理者时，你会与各色各样的人打交道。你将会发现，与所有人都良好沟通并非易事。下一章我们将探讨不同个体之间的差异，还会探讨对他人（和自己）的看法可能会引起的挑战和机遇。

第九章

包容

第九章 包容

尤达拥有强大的原力，这也是绝地武士必备的特质。然而，当卢克在达戈巴沼泽第一次见到尤达时，卢克对他并不认可。尤达有着绿色的外形，看起来年老沧桑，不善言辞，个头矮小，像木偶一样，完全不是卢克所期望的绝地大师的形象。在《帝国反击战》中，尤达指出卢克的偏见并强调，他的体型和外表与他拥有的原力毫无关系。因此，尤达也是在向卢克表明，在判断一个人是否能成为绝地武士时，不应该关注表层的多样性（比如外表）。

从"前传三部曲"以及《克隆人战争》剧情中，我们可以看出，绝地武士来自各种不同的背景。然而，有意思的是，绝地武士并不是来者不拒，这也让人们对他们多样性的价值观产生了质疑。尽管绝地武士的使命是保护银河系中的天地万物，尽管他们的队伍某些方面是多样化的，但他们并不会来者不拒。本章将从社会认同理论的角度来探讨多样性，从而揭示绝地管理的相关内容。

社会认同

"认同"是指个体如何定义、思考自己和他人（Ashforth & Mael，1989）。社会认同是个人自我定义或他人定义的一部分，它受到对特定社会群体身份的感知的影响。这样的群体建立于人口统计学特征之上，例如性别、宗教、政治倾向、种族/民族或特定年龄群体。实际上，这样被认同的群体可以是任何一个被更大的集体（比如社会）理解的个体的集合。因此，一个人的自我概念之所以存在，至少在一定程度上是因为他是一个或多个社会群体的成员。研究人员认为，社会认同的概念能够解释人们的诸多行为，因此，这一理论在组织行为学和其他社会科学中都极具影响力（Scheepers & Derks，2016）。

当个体对群体及其成员产生正面情感时，个人认同就会受到群体的影响（Ashforth，Harrison & Corley，2008）。当个体认为其他成员拥有与自己一致的价值观、信仰、行为或特征时，他们就会认为自己是此类群体的一员（Ashforth et al, 2008; shforth & Mael，1989；Turner & Giles，1981）。当群体的认同感很高时，人们就会期望这个群体拥有正面声誉。正因为如此，个体会因认同而从事与自己的内群体（即他们认为与自己相似的人）一致但与外群体（即他们认为与自己不同的人）截然不同的活动，这时认同之间的边界就会显现并增强（Ashforth & Mael，1989）。

以这种理念行事，会产生一种错觉，即通过简化群体成员的复杂行为来减少不确定性。然而，因认同导致的行为误解会带来矛盾、冲突和不良的群体间关系（Hogg，2016）。这种减少不确定性的方式也引起了错误的认知，即外群体的成员是同质化的原型人（Hogg & Terry，2001），彼此相似，但与自己不同。这反过来又会导致刻板印象、偏见以及不良互动和决策。

对于绝地武士来说，内群体和外群体一目了然。在"前传三部曲"中，接受绝地武士训练的人通常都是孩子。在《帝国反击战》中，尤达认为卢克年龄太大，无法接受训练，尽管与这位绝地大师相比，卢克要年轻得多。所以，年龄似乎是绝地队伍内外群体的区分条件。注意这里与第二章年龄和导师内容的关联。还应该提到的是，在绝地队伍中，绝地武士的年龄各不相同，甚至有900岁的绝地大师。因此，一旦被接纳进入他们的行列，绝地武士的内群体比看重年龄的外群体更为强大。

在绝地武士看来，年龄并不是唯一的外群体标准。那些有着深厚家庭羁绊的人也是绝地的外群体，这类人通常不被允许加入绝地的行列。在《幽灵的威胁》中，阿纳金与母亲的深厚感情成为他能否加入绝地武士行列的关键。此外，绝地武士不被允许结婚和恋爱，因为这会带来羁绊。绝地武士甚至还被禁止拥有太过深厚的亲情。

但对绝地武士来说，最鲜明的外群体与能力和信仰息息相关。首先，只有信仰原力的人才会被绝地接纳，因为这是绝地武士获得力量的源泉。因此，这是绝地基于信仰的组成部分，绝地的外群体还与能力有关。成为绝地武士以后，绝地武士还必须接受训练，以提高他们的原力能力。因此，他们必须先拥有相同的信仰体系，才能对原力保持敏感，他们必须坚信原力的存在。只有在这种信念中成长并能感受到原力的人才会被绝地接纳。

这些社会群体都表明了认同是如何影响绝地武士挑选受训对象的。从某种程度上来说，当认识到社会认同之间的差异时，人们就能理解多样性。下一节我们将通过表层类型和深层类型来探讨多样性。

— 多样性类型 —

认同与多样性和刻板印象密切相关，它们影响着组织内的决策和互动。多样性是指人与人之间的差异（Cox，1994）。研究人员常常将表层多样性（种族、性别、年龄和其他特征）和深层多样性（价值观、思想和态度的差异）（Ilgen, et al, 2005）作比较。表层多样性指那些初次见面就能感觉到的东西是多种多样的。这些都是可以轻而易举发现和识别的典型特征。而深层多样性是指那些一开始很难察觉到的人与人之间的差异。要意识到这些差异，是需要花点时间的。

至于深层多样性，个人的信仰通常影响着个人的价值观。因此，在《新希望》中，那些信仰原力的人往往愿意执行救援任务，就像卢克一样。他们相信原力能指导他们的行动，帮助他们走向成功。另外，那些不相信原力的人，比如《新希望》中的汉·索罗，可能也会执行救援任务，但是，由于需要承担一定风险，以及对原力缺乏信心，他们需要一些物质奖励（比如金钱）作为激励。在《新希望》中，卢克和汉·索罗初次相遇时，表层特征相差无几，但他们之间存在着深层差异，这与他们基于信仰的价值观息息相关。

深层多样性和表层多样性有时也相互联结。例如，所有的绝地武士都信仰原力（深层层面），他们的长袍或光剑（表层层面，因为这些服装和神器是肉眼可见的，并且关系到他们的外表）代表着他们的身份。同样地，BB-8、C-3PO 和 R2-D2 一望便知其是机器人（表层）。而也正是因为它们的机器人本性，它们无法与原力建立联系（深层）。

—— 绝地武士和多样性 ——

绝地武士体现着认同和多样性。从多样性的角度来看，无论表层和深层的差异，绝地武士以维护银河系的正义与和平为使命。因此，从这句话来看，绝地武士持包容心态行事。

同样，就像在"前传三部曲"和《克隆人战争》中那样，绝地武士欢迎各式各样的人加入他们的行列。然而，当涉及年龄、家庭和信仰时，他们就不那么包容了。他们反对年长的人接受绝地训练，但也有例外（尽管有例外，比如训练阿纳金，但效果确实不佳）。他们还反对培养那些与家庭有着深厚牵绊的人，尤其反对婚姻，因为浪漫的关系是被禁止的。当然，作为绝地武士，他们必须信仰原力，因为绝地武士相信他们能从原力中获得力量。

后者可被视为诸多人力资源专家口中的实际职业资格（Bona Fide Occupational Qualification，简称 BFOQ）。实际职业资格允许做出与人力资源相关的决定（例如聘用），只有必要情况（例如执行工作职责的必要性）下才会将某些群体的成员从考虑范围中移除。绝地武士必须相信原力，才能接受原力训练，这是绝地武士的基本工作职责。

然而，年龄和家庭状况并不属于实际职业资格，事实上，这与绝地所持有的刻板印象有关。这种刻板印象的产生源自对多样性的认知。刻板印象认为一个特定社会群体的所有成员都具有相同的特征（Hilton & Von Hippel，1996）。刻板印象通常是对一个群体的偏颇看法。刻板印象是基于人们对所属社会群体的认知产生的（Fiske，1998）。

持有刻板印象的领导者可能会做出例如歧视的糟糕决策（Angermeyer & Matschinger，2005）。实际上，组织的领导者在做出与人力资源相关的决定（如招聘、晋升、评估等）时，应该只考虑，一个人是否能够履行职责，或其是否接受过履行职责的培训。换句话说，评估时应考虑这个人是否具备完成任务所需的知识、技能或能力。若基于其他因素做决定，很可能带来歧视。

对绝地武士来说,基于个人的年龄或家庭来选择谁能加入他们的队伍并非最佳方法。他们可能会因为专注于其他无关紧要的条件而漏掉那些拥有扎实知识、技能和能力(比如能够感知原力)的人。例如,可能有一些人在晚年对原力产生了敏感性,并想在此时加入绝地队伍。或者,那些能够平衡家庭和绝地武士职责的人,也能成为绝地武士的一员。

管理者和领导者要注意:对你来说,为不同的受众服务至关重要,就像绝地武士为促进银河系的和平与正义服务一样。然而,领导者还必须确保多样性不仅仅局限于外部。换句话说,管理者必须确保在自己的组织内部促进多元化。与绝地武士不同,领导者必须确保下属的招聘、选任、发展、奖励、晋升,甚至离任,都不是基于武断的偏见或刻板印象。管理者必须了解组织内部发展所需要的知识、技能、能力和价值观,并尽最大努力选择和留住拥有这些特质的人,而不是去考虑个人之间存在的差异。

—— 小结 ——

在多样性和包容性方面,绝地武士的做法复杂多样。一方面,他们为整个银河系寻求正义;另一方面,他们在选择绝地武士方面并非总是宽容以待。从本章中,领导者可考虑以下问题:

- 每个人都有自己归属的社会群体。但也有可能，有很多社会群体人们并不熟悉。这些群体之间的界限导致人们形成自己整体的个人认同，以及对他人的看法。
- 人与人之间的差异，通常涉及认同和群体成员的认知，这可以是表层的，也可以是深层的。这两个层次有时相互关联。对差异的感知会导致刻板印象的产生。
- 领导者在做决策时，要避免刻板印象和偏见。他们不能只为组织外的不同人群服务，还必须接受自己组织内的多样性。要真正做到包容，领导者必须根据团队成员或潜在成员能否胜任职场角色来决定团队的组成。基于其他任何因素做出的决定都是歧视性的，而且不利于组织的整体绩效。

尽管管理者们可以从绝地武士那里学到很多，但他们的包容性还有待改进。记住，绝地管理者应该反复思考，自己做出的与人力资源相关的决定究竟出于何种原因。做出积极的人力资源决策有利于组织的可持续发展。可持续性对于共同利益的发展至关重要。然而，为了促进可持续发展，领导者还必须知道如何适应、挽救坏局面和应对危机。

第十章

适应力、韧性和危机应对

第十章 适应力、韧性和危机应对

"希望"这一主题几乎贯穿于《星球大战》的每一部影片。1977 年上映的《新希望》甚至以"希望"作为片名的一部分，莱娅在《侠盗一号》结尾时意味深长地说出"希望"。此外，整个传奇故事中的关键人物（包括阿纳金、卢克和蕾伊）都暗示着他们是各自事业的"希望"。

希望代表一种积极的态度。但是，除非人们积极尝试改善自己的处境，否则单单希望没有任何意义。在整个《星球大战》中，"正传三部曲"中的义军和"后传三部曲"中的抵抗组织都采取了改善他们处境的行动。积极性是带来希望、带来积极变化的必要条件。由此可见，积极性对于适应力、韧性和危机应对至关重要。

在《新希望》中，莱娅在危机中就采取了果断行动。当时卢克、汉·索罗和楚巴卡制订的将莱娅从死星中拯救出来的计划出了问题。莱娅发现计划出了纰漏，于是便抓起一把爆能枪，干掉冲锋队员，然后钻进一个垃圾压缩机。这只是在危机面前发挥积极性的一个例子。纵观《天行者传奇》，绝地武士在适应危机、面对危机和应对危机方面均表现出了积极性。本章将通过具体实例来阐述危机中的适应力和韧性对绝地武士的意义。

—— 适应力 ——

适应力是指适应某种环境的能力，特别是正在发生变化的环境。因此，学习和了解环境对适应力至关重要。本书第二章已经探讨了通过师徒制学习的问题。但是，学习不只局限于此。学习不仅仅是人与人之间知识的传递，还意味着领导者能够审时度势，随着形势的变化而改变。事实上，在招聘过程中，组织最看重的一点就是个人随着环境的变化而不断学习和成长的潜力和能力。各组织在挑选领导者时，似乎更倾向于具备这种能力的人。因此，适应力是领导者和管理者必须具备的关键技能（Senge，2006）。

《星球大战》充分说明了适应力的重要性。例如，在《天行者崛起》影片开头，蕾伊一直在接受高强度、耗时间的绝地训练，但由于过度训练，抵抗组织中的同伴波·达默龙和芬恩（Finn）都对她有些失望。的确，原力的增长最终可以帮助他们提升团体实力，但她并没有积极运用自己的条件，助团队一臂之力，打败第一秩序。她忙于阅读古老的绝地典籍、陷入冥想、接受体能训练，忙于学习绝地武士代代相传的知识，因此无暇帮助处于危机中的朋友。从某种程度上说，她并没有适应周围的环境。

上述这种情况同样适用于职场。例如，人们如果经过大量训练就足以做好工作,那么,额外的训练也只能带来技能和能力的些许提升。(Gladwell,2008)当额外的训练不能取得较大进步时,其他因素对成功就变得更重要了。其中一个因素就是了解个人所处的环境,了解环境的变化方式。

在上述例子中,蕾伊已经快速成为一名出色的绝地武士。她无须再接受像刚开始训练时那样严苛的训练。相反,如果她能了解自己所处的环境,放慢训练速度,这样她就能和同伴一起执行任务,取得更好的结果。幸运的是,在明晰了自己及其组织(抵抗组织)的境况之后,蕾伊最终做出决定,帮助同事。

然而,了解个人所处的环境并非易事。复杂理论指出,个人所处的环境几乎是难以理解的,因为领导者有太多的因素和变数需要考虑(Uhl-Bien et al, 2007)。也就是说,了解环境至少需要了解两个层次:首先,需要了解个人所处的文化环境。其次,需要了解自己要交往的人。

文化是由社会、地理区域和其他集体组织在内的群体的共同环境要素组成的。文化包含三个相互关联的环境层次(Schein, 2010)。最容易观察到的文化层次是人工要素,即物质层次。人工要素是人们可以通过五官感知到的文化要素。例如,义军联盟(以及与之相关的抵抗组织,它和义军联盟有许多相似文化要素,并从义军联盟发展而来)的文化包括诸如"星鸟"标志(星鸟是该联盟成员佩戴的标志,也会印在飞行员头盔上)之类的人工要素,代表着凤凰涅槃(Barry-

Biancuzzo，2019；Ratcliffe，2016）。其他人工要素如老化的宇宙飞船，代表多样性，代表地位级别高（特别是在与第一秩序或银河帝国相抗衡的抵抗组织），甚至"义军联盟"这个名字也体现了文化的人工要素。

人工要素建立在价值观之上，价值观是文化的第二个层次，代表组织的愿景以及组织的目标。对于抵抗组织来说，"包容"这一价值观体现在各种各样的高级头衔中，"合作"这一价值观体现在"义军联盟"名称中的"联盟"中，"勤俭节约"和"足智多谋"这些价值观体现在老式宇宙飞船的使用中，面对逆境的"坚韧"价值观体现在类似凤凰的星鸟标志中。星鸟看起来很像过去绝地武士的标志，义军联盟或抵抗组织认为自己是和过去绝地武士拥有相同价值观的道德组织。另外，义军联盟内部似乎也有"追忆历史"的价值观，这就是他们的标志与绝地武士标志相似的原因（绝地武士在银河系中存在的时间更长）。

假设是文化的第三个层面，也是最难见证的层面，因为难以对其进行具体描述。假设代表一种思维方式，代表群体的集体心态，代表对宇宙的认知方式。在强势文化中，人们都相信相似的事物。这些假设决定了组织的价值观。对于义军联盟或抵抗组织来说，可能与每一种价值观相关并衍生出人工要素的假设是："即使资源有限，只要相互合作，被银河帝国取代的银河共和国也可以重生。"据我所知，这句话所代表的观点从未在关于《星球大战》的任何书籍、漫画、电影、电子游戏或节目中明确表达过，但它却渗透在义军联盟或抵抗组织的价值观和人工要素中。

要了解一种文化，关键之处是人们必须沉浸其中，偶然接触并不能让人们迅速了解文化。更确切地说，了解文化的过程就像生活在冰雪星球霍斯（Hoth）上的经历。起初，冰雪寒风可能看起来无法忍受。但是一旦习惯了这里的气候，你就不会在意这些了。你只要适应即可。刚接触一种文化的人，一开始可能不理解这种文化的假设，因为这些假设是隐形的、难以描述的，而且还有一些看起来很奇怪的人工要素。但是，他们在这种文化中工作的时间越长，越习惯这种文化，这种文化就越能指导他们的行为。以冰雪星球霍斯作类比，随着时间的推移，义军联盟的成员学会了如何在这个星球上生存：改造加速器，以适应寒冷的天气；穿着更厚的衣服；学会必要时利用当地的生物来取暖。因此，通过类比，我们可以得出这样的结论：人们在适应文化的过程中其行为也会受到文化的影响。在霍斯星球上，这种影响可能十分常见，因此在适应过程中出现行为的变化也无可争议。文化对行为（源于假设、价值观和人工要素）的影响很强大，但往往被人忽略。

对于管理者而言，关键在于，如果想要了解自己的行为并影响他人的行为，他们就需要对所处文化有深刻的理解。只有通过理解文化，他们才能理解符合群体价值观和假设的适当行为。只有通过理解这些价值观和假设，他们才能调整自己的行为来影响他人。理解了这些，他们就能对影响他们决策的因素进行反思。

但管理者也必须把员工视为独特的个体，而不仅仅是体现和反映其文化各个方面的刻板角色。情感可以帮助管理者从个人层面上理解一个人。具体来说，本书已经探讨了绝地武士在其角色中使用的情感类型以及与情商相关的沟通交流，此处我们将进一步探讨一下情商。情商，即情绪智力，包括理解自己情绪，还包括感知和理解他人的情绪。一旦理解了自己和他人的情绪，情商就能调节人的情绪以适应环境（Goleman，2006）。当然，说起来容易做起来难，情商需要善于聆听他人，换位思考以及对他人和自己情绪的原因进行反思。提高情商可以帮助领导者透过他人的文化刻板印象更好地了解个人。

波·达默龙沮丧地请求蕾伊放慢训练速度，帮助抵抗组织对抗第一秩序，我们从蕾伊的回应方式可以看出，蕾伊的情商很高。她倾听了波·达默龙的请求，并理解这一请求来源于波·达默龙与邪恶政权斗争的强烈愿望。她还反思了波·达默龙沮丧的原因是抵抗组织没有成功获取对抗第一秩序所需的秘密情报。她反思自己，并意识到如果她放慢训练速度去帮助朋友，她自己的情绪（因训练而受挫）也可以放松下来。因此，高情商的蕾伊决定参与作战，最终帮助抵抗组织击败了第一秩序。

韧性

韧性与适应力一样，都与不断变化的环境有关。但是韧性并不是随着环境的变化而变化。相反，韧性是指至少在某些方面保持个人或组织的不变，并在不断变化的环境中坚守下来。

因此，韧性与适应力相反，韧性是指坚持到底。韧性质疑变化的有用性。在"前传三部曲"中，绝地武士一直在探讨平衡。适应力和韧性之间的相互作用就像绝地武士寻求的平衡。对于管理者而言，他们需要知道什么时候必须适应环境，什么时候必须坚守阵地，继续做他们正在做的事情，这对组织的成功至关重要。

《星球大战》中有许多例子探讨了在变化与稳定之间寻求平衡的问题。在整个传奇故事中，"正传三部曲"的主题是义军联盟的希望，"后传三部曲"的主题又是抵抗组织的希望。这些组织不喜欢银河帝国和第一秩序带给整个银河系的变化。义军联盟和抵抗组织都希望能够击败邪恶势力，这也是他们存在的动力。他们相信他们的价值观与银河帝国和第一秩序的价值观截然不同，这一信仰鼓舞着他们投身到事业中去。义军联盟和抵抗组织不会在邪恶势力面前妥协。他们心系希望，豁达乐观，坚信他们的价值观将战胜银河帝国和第一秩序的价值观。

韧性也体现在绝地武士的生存之道上。在《西斯的复仇》

中，即使66号指令造成了绝地武士团的覆灭，绝地之道仍可通过阿索卡、凯南·贾勒斯、欧比-旺和尤达（以及其他原力使用者）得以延续。凯南·贾勒斯、欧比-旺和尤达培养了未来的绝地武士埃兹拉和卢克。绝地武士人数不断减少，"后传三部曲"开始时，卢克被认为是最后一名绝地武士，但他继续训练其他人［包括本·索罗（Ben Solo）、莱娅和蕾伊］，使绝地之道薪火相传。因此，尽管绝地武士团几乎被消灭，但绝地之道仍然存活了下来。绝地之道之所以存活下来，是因为生存的希望所带来的坚韧不拔的精神。

毁灭之后对希望和生存的渴望，培育了韧性，他们所坚持的价值观念和目的，即便是在极度不利的情况下，也不应被动摇。的确，变化虽好，但是管理者不能将他们自己或组织变得面目全非。他们不应该改变那些对他们来说非常重要的事情，或者那些至少在一定程度上塑造他们的事情。

在"后传三部曲"的另一条时间线上，卢克成功建立了绝地学院，训练绝地学徒。他教给学徒的一个原则是，绝地武士应该支持银河系政府（银河帝国之后新成立的民主共和国），但绝不以牺牲绝地价值观为代价（Windham，2007）。这句话完美地概括了管理者和领导者的责任。他们必须在适应环境的同时，保持价值观和目标的一致性，创造两者之间的平衡。这对管理者来说确实是个挑战，尤其是在危机出现的时候。

危机

在面临危机时，保持适应力和韧性之间的平衡非常重要。我将危机定义为任何有可能造成负面影响的意外事件。这种负面影响常常会威胁一个组织或一个群体的存在。

绝地武士面临许多危机。66号指令几乎摧毁了他们。然后，银河帝国崛起，并建造了两颗足以摧毁星球的死星。银河帝国灭亡后，那些幸存下来的绝地武士目睹了第一秩序和弑星者基地的崛起，然而，最出乎意料的是皇帝帕尔帕廷的回归。这些事件都代表着可能撼动任何组织或管理者基础的危机。

尽管绝地武士擅长如何在适应和保持韧性之间取得平衡，但这些事件似乎很难处理，同样，现实世界的管理者也面临着相当多的危机。例如，在突发公共卫生事件新冠肺炎疫情❶期间，管理者面对难以克服的困难，反应迅速，积极创新，带领员工采用了线上办公方法（即减少身体接触，居家办公）。这只是管理者近期被迫应对危机的一个例子。因此，现实世界的管理者也面临着很多需要处理的危机，他们需要做到在改变过程中不忘初心。

未来，管理者也会面临许多其他危急情况（Weick &

---

❶ 2022年12月27日，国家卫健委发布公告，将新型冠状病毒肺炎更名为新型冠状病毒感染。——编者注

Sutcliffe，2001）。因此，他们必须知晓他们组织中的哪些元素能够改变、哪些元素不能改变，比如那些对他们独特的集体身份至关重要的元素。绝地武士面临的威胁不断变化，为了对抗66号指令、死星、弑星者基地以及帕尔帕廷的回归，绝地武士必须调整自己的行为。然而，他们维护正义与和平、传播知识、保持平衡的使命并没有随着周围环境的变化而改变。因此，他们能够在适应力和韧性之间找到平衡。

—— 小结 ——

绝地武士常常关注如何保持平衡。在《星球大战》整个传奇故事中，绝地武士一直在探讨原力的光明面和黑暗面之间的平衡。但他们似乎也在不断地寻求随环境变化（适应力）和忠于自己的核心价值观（韧性）之间的平衡，特别是在危急情况下。本章探讨了这种平衡的各个方面。

- 要成为一名有效的领导者，最重要的能力之一就是理解所处的环境。领导者必须理解所处环境的假设、价值观和人为要素，同时确保努力在个人层面上（即，不是刻板的文化印象）理解与其互动的每个人。因为环境各异，并且会随着时间而改变，绝地管理者必须时刻关注他们所处的环境。
- 绝地管理者还必须坚守对自己至关重要的价值观或品德。随着环境的变化，绝地管理者要保持开放的心态，同时也不能忘记初心，不能忘记他们的信仰。
- 危急时期，在适应力和韧性之间取得平衡尤其困难。每位领导者在他们的职业生涯中都可能面临许多危机，因此，重要的是，面对不确定性时，他们要反思自己和组织中哪些方面可以协商改变、哪些方面需要坚持不变。

在适应力和韧性之间找到平衡并非易事，所以银河系中并非人人都是绝地武士。同样，成为领导者也非常困难，所以并非人人都可以成为绝地管理者。但即使是那些原力强大的人，偶尔的失败也是不可避免的。当绝地管理者费尽全力，寻找平衡，以及应对本书中提出的诸多管理挑战时，他们不可能100%成功。因此，下一章我们将探讨失败。

第十一章

失败

第十一章 失败

我知道，如果我说 2017 年上映的《最后的绝地武士》是我最喜欢的《星球大战》系列电影之一，大部分影迷可能有不同的观点。我喜欢这部电影，因为影片中人物的行为方式中体现了很多领导力理论。在我所授课的一系列领导力发展工作坊中，我有时会使用此片。我们集体观看这部电影，然后以圆桌会议的形式讨论各个角色的领导风格。有一次，我们讨论时，一位别出心裁的参与者告诉大家，他压根没有看到任何领导力，他只看到了多次失败。但正如我告诉大家的那样，我的观点是，作为领导者，失败在所难免。这部电影以及《星球大战》系列电影中，许多角色，包括绝地武士，都不完美且曾失败过。

就像绝地武士一样，管理者也不完美。有些管理者转向了"黑暗面"（下一章将具体介绍），而有些管理者则试图一心多用（参见探讨正念的一章）。绝地武士也往往不乏失败的例子。虽然失败会影响领导者的威信，但在评估失败时，我们也必须看到失败积极的一面。

绝地大师尤达就看到了失败积极的一面。在《最后的绝地武士》中，他甚至说"吃一堑，长一智，人可以从失败中吸取教训"。本章将探讨失败，并指出如果将失败视为学习和改进的机会，失败也可以是件好事。本章还将与前几章紧密相连，探讨失败与情感、失败与师徒制之间的关系。

—— 失败提供了学习和成长的机会 ——

在整个"星球大战"传奇中，绝地武士经常失败，有时甚至一败涂地。举例而言：

- 对银河系最致命的是，绝地武士眼睁睁看着皇帝帕尔帕廷和达斯·维德崛起，因为随着邪恶西斯势力的再现，绝地武士被政治阴谋蒙蔽了双眼，无法了解他们所处的环境，无法了解机密信息。
- 卢克因未能将绝地之道传给本·索罗（后来黑化成为凯洛）而隐居，这也促使了第一秩序的诞生。
- 绝地委员会未能为阿索卡主持公道。她因莫须有的罪行遭到指控，导致与绝地武士决裂。

希望你们在管理活动中不会像绝地武士那样一败涂地。然而，即使你失败了，也仍有改进的希望。现实一点来讲，所有的管理者都会遭遇失败。也许员工会忽略管理者的一些失败，因为他们明白做管理者是件难事。但管理者也需要能够原谅自己的错误和失败，虽然有时这一点很难做到。

将失败视为一件积极的事，方式之一就是通过学习，吸取教训。准确地说，我说的不是那种由于不努力或由于态度或举止傲慢而导致的失败。我所说的那种"积极"的失败是指当管理者尽其所能做出看似正确的决定时，但结果却不尽如人意。有限理性理论可以解释这一现象。对于"积极"的失败，如果承认并了解他们的错误做法，管理者就会持开放的学习态度。遗憾的是，在那些充满了激烈竞争的组织里，这样的"从失败中吸取教训"的做法并没有得到广泛的认可（Edmondson，2011）。然而，更积极的文化则认为领导者可以从他们的失败中吸取教训。

《最后的绝地武士》中，卢克是从失败中吸取教训的典范。他训练本·索罗以失败告终后，他选择成为一名与世隔绝的隐士。有趣的是，他选择成为隐士的行为与几十年前他的导师欧比-旺和尤达大师在阻止皇帝帕尔帕廷和达斯·维德崛起失败后的行为如出一辙。然而，卢克从他们的错误和自己的错误中都吸取了教训。

虽然卢克起初对收蕾伊为徒不感兴趣，担心自己会再次失败，担心她也会像本·索罗一样堕入黑暗面，但他最终还是把她训练为一名绝地武士。从本质上讲，卢克害怕再次失败，因为他不希望邪恶得逞。然而，他在本·索罗黑化后的不作为促使（至少在一定程度上）原力的黑暗面再次变得强大。一次，尤达大师的绝地英灵探望隐居的卢克，卢克恍然大悟，他可以做更多的事情对抗凯洛，阻止邪恶的第一秩序的统治。他意识到自己的错误后，在蕾伊和她的同伴们都没有想到的情况下，协助他们对抗第一秩序。

管理者应认识到人非圣贤，孰能无过，这是从失败中学习的关键。管理者应进一步认识到，如果不沉湎于失败，失败就是成长的机会，并且可以作为"不该这么做"的反面教材，从而巩固学习。以卢克为例，他从自己的不作为中吸取教训，并进一步补救。管理者可以对他们以往的失败进行反省，使他们在将来的行动中能够得到更好的结果。有时，管理者需要别人指导才能发现自己的错误（就像尤达大师的绝地英灵指出卢克的错误一样），这时，坚实的师徒关系变得至关重要。我们随后将再次探讨师徒制。

—— 失败与情感的关系 ——

在我们探讨师徒制与失败的关系之前，不妨先思考一下失败发生的原因。有些失败的发生是因为情感被压抑。正如本书前文所述，情感压抑经常发生在绝地武士团成员身上。例如，在"前传三部曲"中，阿纳金必须隐藏他对帕德梅的浪漫情感。隐藏情感会带来十分不利的影响，如情绪劳动（Brotheridge & Grandey，2002）。

情绪劳动会导致倦怠，就阿纳金而言，则会导致对绝地武士团的幻灭。这种倦怠和幻灭迫使阿纳金放弃绝地之道，堕入黑暗面（这将在下一章进一步讨论）。随着阿纳金转变为达斯·维德的角色，银河系陷入银河帝国残暴统治中。因此，情绪劳动影响深远。

本书前文中曾谈到情绪劳动，我指出情绪劳动与个人的业绩下降有关。另一个与失败有关的情绪现象在本书中尚未深入探讨，那就是情绪传染（Schoenewolf，1990）。当情绪变化从一个人传递给另一个人时，情绪传染就发生了。例如，如果你曾经和一个脾气暴躁（或快乐）的人一起工作，最终你会发现，因为和这个人一起工作，你也产生了同样的情绪，这就是情绪传染。失败后，管理者很可能无法立刻从失败的阴霾中走出来，他们将会经历消极情绪。反过来，这些情绪也会传染给下属。

反之亦然，如果管理者失败了，他们的下属表现出消极情绪，管理者也会被传染，表现出消极情绪，从而导致他们的消极情绪呈螺旋式下降发展。失败本身会让管理者感到恐惧和挫败。同时，失败往往会被别人看不起，所以管理者不愿意承认自己的失败，何况承认失败也会导致消极情绪，如恐惧、内疚和悲伤等。当然，这些情绪都有可能把人引向黑暗面。

因此，为了管理自己内心可能出现的消极情绪，并确保消极情绪不会传递给下属，对管理者来说，把失败当成学习的机会，而不是关注其潜在的消极影响，这一点至关重要。如果像卢克这样的绝地武士只关注失败造成的负面结果，他永远不会鼓励蕾伊成为一名绝地武士。反过来，她也不可能打败复兴的皇帝帕尔帕廷。

失败与师徒制的关系

绝地武士团似乎喜欢从历史中吸取教训，这一点从他们在科洛桑（Coruscant）星球上建立巨大的图书馆，使用全息记录仪获取知识，以及前文提及的师徒制可以看出。同样地，管理者也应该向过去学习，获取知识。就像绝地武士训练学徒为整个银河系的正义而战一样，管理者也必须培养他们的下一代员工。虽然本书第二章已探讨过师徒制，但因为它与失败有关，本节将进一步深入探讨这种学习方法。

有时，人们不把自己的知识、技能和能力传授给他人，是因为他们认为自己能力不足。他们知道自己过去曾在某些方面失败过，所以觉得自己将来不会成为好导师。因此，这些人可能不愿意向那些真正可以从师徒制中受益的潜在学徒敞开心扉。

在"星球大战"构建的虚拟世界中，拒绝指导的行为经常发生。例如，卢克、欧比-旺和尤达等绝地武士，虽然睿智而强大，但在认识到自己的缺点后都隐居了一段时间。他们的隐居让银河系状况变得更糟。没有尽早培养出一批新的绝地武士来维持银河系的和平与正义，这使得银河帝国和第一秩序得以崛起，并最终导致了其对银河系的残暴统治。尽管他们失败了，但这些身份特殊的绝地武士有责任以原力光明面的方式训练他人，可他们在一段时间内选择了隐居，推卸了这一责任。但公平地说，这些绝地武士最终都接收了学徒，此时，银河系状况得到了极大的改善。

管理者也有责任继续在他们的组织中培养人才，尽管他们在过去曾经失败过。铭记自己的失败，鼓励员工学习，可以使管理者在职场大展拳脚。"放任自流"的管理方法，或缺乏领导力的管理方法，会导致管理者与组织中的其他人关系疏远。这种行为通常导致一些负面后果，例如下属由于缺乏指导和压力倍增而无法明确自己的角色（Skogstad et al, 2014）。通过亲临现场指导他人，管理者可以减少这些现象和其他潜在的负面后果发生的概率。

关于英雄式领导者的谬论

当人们对领导者的期望与现实不一致时，也会出现负面工作结果。有时，一些人，包括领导者的员工和直接下属，期望领导者无懈可击，无所不知。这种现象将领导者抬高到偶像地位，被称为"英雄式领导者"（Allison et al, 2016）。英雄式领导者通常被认为绝对可靠，甚至被奉若神灵。这种待遇会冲昏他们的头脑，于是，领导者容易独自做出决定而不去征求他人意见。同时，人们会顺从他们的决定，因为领导者在下属心中享有至高地位。

通常情况下，把领导者捧到这么高的位置是不合适的。毕竟，所有的领导者都曾在其职业生涯的某个阶段失败过（顺便说一下，这也是我个人喜欢《最后的绝地武士》中卢克的角色定位的原因——对我来说非常"真实")。虽然银河系中很可能有一些人认为绝地武士是无所不能的神秘人,可以做任何事情,但绝地委员会做出的一些决定表明,他们远非完美。正如本章和其他章节所言,他们的一些决定糟糕透顶。

即使是最有能力的领导者,为什么有时也会做出错误的决定呢?为什么原力强大的绝地武士会做出导致不良结果的行为?他们居心叵测吗?他们想要负面结果吗?都不是。其中一个原因是,正如前文所述,每个人的理性都是"有限"的。

例如,就连尤达大师也指出,未来难以预测。这种无法看到时间视域的能力是有限(也称"有界")理性的基本部分,这也解释了人们为什么不能总是做出完美决定。人们所处的环境如此复杂,以至于他们无法预测未来。换句话说,他们(包括绝地武士)在做决定时不可能总是知道这一决定带来什么样的结果。有时,管理者在做决定时可能出于好意,但其结果仍不乐观。他们无法真正预测在瞬息万变的复杂环境中结果会如何。

有限理性和纯粹理性之间显然有不少差异。有限理性比较现实,但人们常常认为他们(和其他人)做出决定时完全理性。这就是为什么英雄式领导者的概念值得推敲了。现实中,有些下属期望领导者无懈可击、无所不能,并且所作所为都一直完美。下属和领导者两者都倾向于这种信念。下属常常认为领导者百分之百的好或百分之百的坏,而事实并非如此。大多数领导者都处于中间位置。

因此，完全理性只是一种幻觉。然而，人们往往期望领导者能保持完全理性。这太难了，要知道，完全理性的假设是，决策者拥有完整的信息，清楚地了解他们需要解决的问题，并有逻辑地思考如何解决这个问题。完全理性还需要他们有无限的时间和资源来做出并执行这一决策。还有，完全理性认为决策的结果总是可以预测的。

显然，这些假设都不现实，即使对于那些拥有强大原力的管理者来说也是如此。我已经提到，决策者（包括尤达大师）无法预测未来，所以很难预测决策的结果是否积极。此外，决策者的信息不完整，他们受限于零散的数据或可能有偏差的数据来源。同样，有时问题难以理解（Fyke & Buzzanell, 2013），从而加剧了解决问题的难度。人们并不总是按照逻辑思考他们的决定。很多时候，情绪会影响一个人的判断（即使绝地武士也一直在试图避免情绪的影响）。当然，时间、金钱、原材料和其他资源永远不会取之不尽，用之不竭。

因此，理性是一种谬论，期望越大，失望越大。如果我们期望自己和领导者总是做出完全理性的决定，我们将会失望透顶。这并不是意味着我们不应尽最大努力做出最佳决定。我们当然应该努力做出最好的决定，同时承认它们可能并不完美。正如我的一位导师所言（这完美地总结了有限理性的观点）："根据当时掌握的信息，做出当时能做出的最好的决定。"这确实也是我们对绝地武士和管理者的期望。

小结

人们对领导者抱有很大的期望。试想一下你认识的一位领导者或你熟悉的一位民选官员：是否你身边有人会认为这个人无所不能，而其他人则认为这个人一无是处。而事实上，这个人的决策记录表明其表现可能介于两者之间。这位领导者可能取得了一定成绩，但也可能失败多次。因此这一章我们探讨的是失败。

- 如果领导者了解自己的错误，并且能够认识到失败提供了学习和成长的机会，那么失败就是件积极的事。
- 失败会引起强烈的情绪。面对失败时，领导者自己和他们的追随者都可能经历消极情绪。这些情绪不能被压抑在心底，而应妥善处理。否则，情绪劳动和消极的情绪传染就会出现，这将导致对团体而言不尽如人意的后果。
- 曾经失败过的领导者不应过分关注自己的缺点，不应放弃培养下一代管理者。他们必须挑选绝地学徒来传授他们所学到的知识，包括他们从自己所犯的错误中吸取到的教训。
- 由于有限理性（至少在一定程度上）的限制，领导者不会做出完美的决定。下属和领导者本人将领导者视为无懈可击的人,这是不现实的。

在本章探讨了失败之后,我希望你会赞成我的观点,即所有的领导者都有缺点。所有的领导者,包括绝地管理者,都会有失败的时候。真正考验管理者的是管理者失败后的表现。只有真正的绝地管理者才能从自己的错误中振作起来,学习和教导他人,避免重蹈覆辙。而其他领导者可能会转向黑暗面,因此,下一章我们将讨论黑暗面。

第十二章

黑暗面

据说绝地武士受训时被教导原力光明面能带来力量,但绝地武士也被教导要警惕黑暗面。然而,黑暗面的诱惑如此之大,绝地武士难以抗拒,因此,许多原力使用者,如阿纳金和本·索罗,都曾堕入黑暗面。同样,一些坚守道德理想和价值观的管理者,迫于他人的压力或企图取得短期业绩,也会转向黑暗面。

黑暗面的吸引力强大无比。正如帕尔帕廷在"前传三部曲"中所言,黑暗面会带来非自然性后果。在组织中,这些非自然性后果包括快速(但短期)提升业绩,主要是领导者通过恐吓、威胁和基于交换的领导–下属关系来实现的。非自然性后果可能会对长期业绩产生不利影响。本章将探讨采用黑暗面管理方式的交易型领导力,以及黑暗面管理者的其他几个特征。

—— 达斯·维德的交易风格 ——

研究人员将交易型领导者定义为试图通过交换关系影响下属的领导者(Judge & Piccolo, 2004)。虽然早期的一些研究认为交易型领导者的领导模式较之变革型领导者的领导模式稍逊一筹（前面讨论过），但实际上，两者可以互相配合，协同工作（Podsakoff et al, 2010）。例如，在营利性组织中，即使管理者是变革型领导者，员工可能不会在没有获得金钱报酬的情况下工作（即这是与交易型领导力一致的交换关系）。然而，那些在工作中兼具变革型风格和交易型风格的领导者，如果能掌握平衡，他们的下属会更有动力、更投入，满意度更高。

下属表现好时，交易型领导者会为员工的积极表现提供奖励。然而，下属表现较差时，交易型领导者有时也会采取惩罚性措施。在后一种情况发生时，下属工作是因为他们害怕受到惩罚。从本质上讲，下属从事某些行为主要是出于恐惧。

这种通过恐吓进行领导的交易方式是黑暗面领导者，如皇帝帕尔帕廷和凯洛经常使用的方法。这种交易方式在"正传三部曲"中达斯·维德的领导风格中表现得尤为突出。例如，达斯·维德常常用原力扼杀表现不佳的追随者。另一个例子是，在《帝国反击战》中，达斯·维德与兰多在云城（Cloud City）的对话中，达斯·维德告诉他，他签署了新的协议，并威胁道，不遵守协议的人将受到惩罚。因此，如果不能按照达斯·维德的指示行动，云城就会面临厄运。

达斯·维德确实如愿以偿，凯洛和皇帝帕尔帕廷亦是如此。但这些通常是短期结果。也就是说，黑暗面领导者目光短浅,并不关注他们的追随者和组织的持续表现,"正传三部曲"结束时,银河帝国瓦解,后传三部曲结束时,第一秩序被摧毁。恐吓并不是可持续的领导方式。追随者只是因为恐惧而完成任务,而不是因为他们发自内心地投入或满意自己的角色、组织或环境。一旦他们发现有机会"逃离"这种纯粹的交易型领导-追随者关系,他们可能就会逃之夭夭。为了使交易型领导方式长期发挥作用,领导者需要提供积极奖励,同时兼用变革型领导方式。然而,大多数黑暗面领导者只关注惩罚,这对他们极为不利。

动机和冲锋队的表现

通过恐吓来领导的方式确实不利于长期表现,尤其是当领导者无法亲临现场时。银河帝国和第一秩序冲锋队的表现可以充分证明这一点。一些冲锋队员,比如芬恩,一有机会就叛变到对方阵营,他们的枪技也臭名昭著(尽管欧比-旺在正传三部曲中误导性地说他们的目标很准确)。想想看,卢克、莱娅和汉·索罗遭遇多少次冲锋队员的围追堵截。冲锋队在人数上远远超过卢克和他的同伴,但冲锋队从来没有成功地击中一人(只有个别例外情况,比如在恩多战役中莱娅被轻微擦伤)。

冲锋队的糟糕表现不仅仅与他们的目标有关。让我们回顾一下,在《绝地归来》中,居住在恩多星球上原始伊沃克人（Ewoks），未经正规训练，竟然击败了帝国冲锋队。特别值得注意的是，帝国冲锋队被认为是整个银河系中一支训练有素、令人敬畏的军队，但由于在战斗中没有交易型领导者亲临战场，帝国冲锋队较容易溃败。这可能是因为他们的作战动机主要是出于恐惧。

因此，如果没有像达斯·维德这样强大的领导者亲自出现在身边，向他们灌输恐惧，这些帝国冲锋队员就没有动力。换句话说，如果他们只是因为害怕惩罚而执行任务，那么如果达斯·维德不在场施加惩罚，他们就不会在乎表现得好不好。从黑暗面领导者的角度来看，令人生畏的领导者不在场，会导致下属动力不足，从而导致业绩下滑。冲锋队员们不想去执行任务，因为他们觉得自己没有动力，也不觉得自己是团队的一员。相比之下，即使变革型领导者不亲临现场，他们的领导风格也可以帮助队员提升赋权感和团队精神。

强化理论可以部分解释这一现象（Gordan & Amutan，2014）。强化理论认为，只有当个人行为带来的后果立即发生时，他们才会以领导者期望的方式行事。因此，即使冲锋队员最终因表现不佳而受到惩罚，但由于他们的行动和受到惩罚之间存在时间差，他们仍然会动力不足，无法较好地执行命令。因此，我想告诫交易型领导者，要想在短期内也能取得预期的效果，领导者需要亲临现场，或者至少有绩效评估机制，让下属在行为发生后及时受到惩罚（或者奖励，对表现良好者而言）。

── 黑暗面价值观 ──

以惩罚为导向的交易型领导风格是《星球大战》中许多黑暗面领导者的主要特点，同时，他们的领导风格也有其他特征，其中许多特征与达斯·维德、凯洛和皇帝帕尔帕廷等领导者所拥有的价值观有关。2011 年，威尔肯斯写的《超越保险杠贴纸伦理》(*Beyond Bumper Sticker Ethics*）一书总结了许多决策框架，有助于读者理解黑暗面领导者拥有的价值观。

黑暗面领导者似乎违背了威尔肯斯提出的一些决策框架。例如，康德伦理学关注的是遵循绝对道德命令（即扪心自问，如果每个人都以同样的方式行事，世界/星系是否会变得更好），而黑暗面领导者经常违反绝对道德命令。显而易见，如果每个人都像银河帝国和第一秩序那样多次利用超级武器摧毁整个星球，那么银河系的情况会变得更糟。

同样，黑暗面领导者的行为常常违背人们的良知。一些道德家、哲学家和神学家建议，个人应该从事与他们的良知产生共鸣的行为，或者从事至少不会引起负面情绪反应的行为（Wilkens，2011）。《西斯的复仇》中，达斯·维德屠杀绝地学徒，《原力觉醒》中，凯洛牺牲了自己的父亲，《天行者传奇》中，帕尔帕廷皇帝抛弃了他的学徒，如达斯·摩尔（Darth Maul）和杜库伯爵（Count Dooku），这些行为引起了我们良心的不安。很多人觉得这些行为是错误的，因为这些行为违背了他们的良知。

黑暗面领导者的行为也与一些尊重不同观点和文化的决策框架相违背（Wilkens，2011）。邪恶的银河帝国或第一秩序并不尊重不同的观点和文化，因此达斯·维德、凯洛、皇帝帕尔帕廷等领导者领导的团体自然不会尊重多样性。相反，他们试图将自己的信仰体系和理想灌输给银河系中的每个人。对于那些反抗的人，他们毫不犹豫地将其消灭。

尽管黑暗面领导者和他们的组织违反了许多不同的道德决策模式，但他们也采用一些框架来指导他们的决策。例如，利己主义是一些决策者潜意识里采用的框架，似乎许多黑暗面领导者都遵循这种特殊的思维方式。（Wilkens，2011）在这个框架指导下，决策者总是做出有利于自己的决策。达斯·维德和凯洛都是这么做的。例如，达斯·维德试图引诱卢克堕入黑暗面，以便两人携手从皇帝手中夺取权力。同样，凯洛杀死了神秘的斯努克（Snoke），这样他就可以接管第一秩序并成为最高领袖。他们为了自己的个人利益而寻求权力，这与利己主义如出一辙。

黑暗面领导者还专注于绝对性，看待问题非此即彼，容易走向极端，就像欧比-旺在《西斯的复仇》中与阿纳金的标志性对决中所说的那样。专注于绝对性就是强调极端。举例而言，这相当于给人贴上完全好或完全坏的标签，或给某件事贴上完全正确或完全错误的标签。虽然有些读者可能会觉得这样做有一定道理，但非此即彼的做法也会让人忽略个人或想法的复杂性。在现实中，只考虑绝对因素时，可能会忽略正确或错误的程度、优势或劣势的类型,以及好或坏的方式。当下属专注于绝对性时,他们就会钻牛角尖,给领导者贴上天生坏或天生好的标签,正如我们在前一章英雄式领导者所探讨的那样。黑暗面领导者世界观十分简单,仅仅由极端的二分法组成,虽然专注于绝对性会让他们快速做出决策,但并不能让他们完全理解银河系的复杂性。

—— 领导者为什么会转向黑暗面? ——

一提起黑暗面领导者,我们身边熟悉的黑暗面领导者可能马上就会浮现在我们脑海中。他们靠恐吓和惩罚来领导下属。他们获得权力,以权谋私。尽管黑暗面领导者存在种种问题,但还是有不少领导者走上了成为黑暗领导者这条路。他们为什么要这样做?领导者做出决策时,借助于恐吓、惩罚和令人质疑的道德准则,这种方式有什么吸引力呢?

原因之一,如上所述,黑暗面领导者通过采取恐吓的策略,可在短时间内获得优良的业绩。尽管这种业绩是短期的,不能长期持续,但一些领导者可能会效仿他们认为表现出色的黑暗面领导者。他们看不到随着时间的推移,黑暗面领导者的追随者积极性下降的情况。他们看到的只是短期的巨大利益。一些领导者目光短浅,没有意识到长期来看,这种业绩不具可持续性。短期业绩还可能蒙蔽领导者的眼睛,让他们看不到。如果领导者不亲临现场,或者(与交易型领导力理论和强化理论一致）不能及时提供激励或惩罚，下属也不会取得卓越的业绩。

领导者转向黑暗面的另一个原因是许多黑暗面领导者拥有一定的魅力。正是这种魅力，吸引着有意加入黑暗面的领导者，并为他们树立了榜样。这可能是因为有魅力的领导者能够与他们的追随者建立强大的精神联结（Banks et al., 2017）。通常情况下，他们与追随者产生共鸣，动之以情，晓之以理，建立联结。有时，追随者的行为往往与他们没有受到黑暗面领导者的影响时会采取的行为截然不同。

举例而言，在帕尔帕廷的引诱下，阿纳金背叛绝地武士团，屠杀年轻的绝地学徒，与最好的朋友欧比-旺决斗，并最终导致帕德梅死亡。有趣的是，阿纳金之所以被帕尔帕廷引诱加入黑暗面，部分原因是他承诺让阿纳金永生，并承诺拯救帕德梅。他的许诺与阿纳金拯救所爱之人生命的目标产生了共鸣。帕尔帕廷还非常巧妙地指出了绝地委员会的虚伪，并对绝地委员会的真实动机提出了质疑，这引起了阿纳金的负面情绪反应。帕尔帕廷拥有正式头衔，拥有合法权利，加上这听上去似乎为阿纳金着想，因此，阿纳金无法抗拒这些诱惑，选择拜帕尔帕廷为师。

帕尔帕廷最终成为皇帝，成为典型的黑暗面领导者。但因为他的魅力，阿纳金很崇拜他。随着时间的推移，阿纳金逐渐成长为一名领导者，他改名达斯·维德，并以帕尔帕廷为榜样学习如何领导。因此，有魅力的黑暗面领导者可能会成为未来黑暗面领导者的榜样。这些后来的领导者被早期魅力型领导者的诱惑所困,并把他们视为自己行为的导师。

领导者转向黑暗面的另一个原因是孤独。据一些领导者所言,他们的地位越高,拥有的真正友谊就越少,得到的情感支持也就越少（Sliskovic et al, 2016）,正所谓高处不胜寒。

一些领导者经历这种孤独时,他们开始质疑自己。《原力觉醒》中,凯洛担任第一秩序的最高领袖时,似乎也体验了这种孤独。他不知道如何与追随者有效沟通,也没有知心朋友。他意识到蕾伊强大的原力时,开始质疑自己的能力。自始至终,他都陷入与第一秩序的其他领导者的权力斗争中。在《最后的绝地武士》影片开头,他竟采取一些极端的行为,包括杀死索罗和摧毁他心爱的面具,来向最高领导者斯努克证明自己是称职的领导者。身处高层的孤独使凯洛质疑自己,并通过更极端的行为,企图证明他的能力,并在第一秩序中获得更高的职位。

随着领导者变得越来越孤独,他们就会和下属渐行渐远,害怕失去下属的关注,这样就很难带领下属取得成功。如上所述,许多黑暗面领导者是以惩罚为导向的交易型领导者,在某些条件下,他们可以短期内取得优良业绩。于是,那些担心不被追随者关注或重视的领导者,转而采用惩罚这种方法,以此获得追随者的关注,并确保他们取得一定的业绩（尽管无法取得长期业绩）。

那些与追随者和他人（如朋友）渐行渐远的领导者也可

能会失去他人的影响，并与某些价值观脱节。例如，随着凯洛在第一秩序中的地位越来越高，他与母亲的联系越来越少，于是，他渐渐偏离了母亲灌输给他的道德观念。达斯·维德也是如此。随着他在银河帝国的地位不断上升，在他还是绝地武士（阿纳金）时被教导所获得的积极的价值观逐渐消失，取而代之的是压迫、强权和暴力。幸运的是，凯洛和达斯·维德在他们角色故事的结尾均被救赎：当他们遇到拥有正确道德价值观的人时，他们就会得到救赎：达斯·维德遇到了卢克，凯洛遇到了蕾伊。这两个例子中，建立这种联系让他们觉得不那么孤单，并能帮助他们摆脱黑暗面。

尽管尤达警告卢克，抵制黑暗面的诱惑困难重重，但堕入黑暗面后，重新选择抵制这种管理方式还是可以做到的。凯洛和达斯·维德都认识到了自己的缺点，并最终寻求忏悔。我喜欢《星球大战》的原因之一是，希望总是有的，包括对他人回归善良的希望。在动画电视剧《义军崛起》中，埃兹拉·布里杰和阿索卡发现了一个神秘的平面，可以让原力使用者穿越时间（即跨越时空）。虽然领导者可能没有机会让时间倒流，没有机会重新选择不堕入黑暗面，但他们确实有能力做出选择，转回到绝地管理的道路上。

— 小结 —

对许多领导者来说，转向黑暗面并非个例。尽管领导者

第十二章 黑暗面

内心明白黑暗面存在很多问题，但黑暗面的诱惑力仍然相当强大。

- 黑暗面管理者采用恐吓和惩罚的领导方式。
- 虽然黑暗面领导者可以从追随者那里获得惊人的业绩，但这只是短期业绩，不具可持续性。当下属知道自己不是黑暗面管理者关注的焦点时，他们的动力会不足，进而表现不佳。
- 黑暗面领导者并不关心他们的行为是否能提高业绩。他们通常基于绝对性原则做出决定，因此也会忽略自身环境的独特性和微妙性。他们做决定的基本框架往往围绕他们个人如何从行为中受益。
- 许多管理者转而接受黑暗面领导方式，这可能是因为对潜在业绩的误解，或因为与其他黑暗面领导者的情感联系，或因为脱离下属、倍感孤独。

与其他章节相比，本章更多阐述了管理者"不应该做什么"。绝地管理者不应该成为黑暗面领导者，而是应该专注于本书提出的更积极的领导方式。下一章（也是最后一章）将总结本书的主要内容，提出一些切实可行的建议，可助读者进一步成为出色的绝地管理者。

第十三章

绝地管理之道

第十三章 绝地管理之道

《最后的绝地武士》的结尾是整个《星球大战》系列中最不受欢迎的片段之一。在片尾前的最后一刻，一个小马童正在和一个似乎是卢克的人玩耍。这个男孩可能没有受过绝地训练，但当他停下玩耍时，他轻而易举地用原力举起了扫帚。虽然很多粉丝都对这一幕表示不满，但我还是很喜欢。为什么？因为它昭示着希望。这表明任何人，无论他们是天行者还是帕尔帕廷人，无论他们是否知道自己是谁，都可以使用原力。

从本质上说，这也是我这本书的哲学大意所在。不管你是谁，无论你的迷地原虫浓度[1]是多少，你都可以学习原力之道，成为一名绝地管理者。任何人，无论是管理酒吧乐队，还是负责开采作业、经营一座农场，抑或是管理人力资源部门，你都可以仔细思考这本书中的经验总结，学习如何提高自己的领导效率，就像《最后的绝地武士》片尾暗示的那样，任何人都可以学习使用原力。

---

[1] 《星球大战》中，一个人体内的迷地原虫浓度越高，原力就越强大。——编者注

在前面的章节中，本书将领导力和管理学的相关理论与《星球大战》中的例子结合起来。我希望，如此你就可以迈出自己的第一步，了解这些理论对你的帮助。

至此，但愿你已经在思考如何成为一名高效的绝地管理者。截至目前，本书已列举了多个现实世界的组织实例，教你如何将绝地之道运用到你自己的领导风格中，本章也进一步说明，你可以采纳本书倡导的方法和技巧，并加以完善明晰。运用好以下章节中推荐的技巧和方法，你将完成培训，成功走上绝地管理者之路。

— 绝地管理者帮助他人成长，同时也不断完善自己 —

绝地武士通常结对工作——一个师父和一个学徒、一个导师和一个学员，或者一个教练和一个学生。在绝地武士的二元指导关系中，学习往往发生在两代绝地武士之间，如欧比-旺与卢克、卢克与蕾伊。这也表明，在绝地武士中，不同代际的人之间必须发生知识转移。

但在师徒关系中，代代相传的不一定只有知识。通过师徒制，学徒们不仅能够丰富知识，还能学到其他许多东西。他们还可以从导师那里获得情感支持，更加熟悉导师的人脉关系，并与这些人脉建立联系，从而促进自己的职业发展。

当然，学员从师徒制中获益良多，导师也会从这段关系中有所收获。即使你是一名绝地大师,这也没有什么。学习永无止境,师徒制有助于导师获取新的知识,也为他们提供了新的视角、情感支持和友谊,让他们感受到回馈社会的美好感觉,同时也能与更多的新秀人才交流。

因此,作为一名领导者兼管理者,你必须承担起协助下一代领导者成长和发展的责任。然而,你也必须确保,不能仅仅利用自己掌握的知识教授他们,你还必须通过其他方式对其进行培养,包括情感支持、熟悉你的人脉网络。同时,你也需要不断完善自我,并利用师徒制积极学习和成长。

绝地管理者为团队服务

世界上有各种各样的团队。从项目团队到虚拟团队,再到多功能型团队,你也许正在领导某个团队,也许即将领导某个团队。优秀的领导者十分清楚,他们在团队中的作用并非体现在地位或权力本身上,而是带领团队一起工作,努力实现共同目标。

为了做到这一点,绝地管理者必须促进自己团队的发展。在这种发展过程中,很可能会出现一些冲突,随之而来还会出现一些问题,这些问题主要包括团队目标是什么以及如何实现这些目标。一个成功的领导者必须充分了解自己的同事,了解团队运作的环境,以冷静和妥当的方式应对这些挑战。

随着团队的发展,成员们会形成一种集体思维模式(即心智模式）。领导者应该努力确保，团队中的每个人都感受到良好氛围，大家都在勤恳工作。领导者也有责任确保团队成员对团队使命和愿景达成共识，并确保团队中出现的冲突应与目标的实现息息相关，而不是涉及人际关系。

绝地管理者必须确保团队成员有足够的时间和其他资源来完成工作，从而进一步促进团队目标的实现。职务的分配应该基于个人的优势。如果工作做得好，通力合作有助于个人（包括领导者）避免一心多用。

因此，绝地管理者有责任照顾好团队成员。真正的绝地管理者并不追逐权力。领导者只是团队中众多角色的其中一种，只不过相对来说有一定的地位。每个人都应该在自己的团队中扮演一个特定的领导角色，因为他们都是团队发展的促进者。因此，领导者必须积极主动地解决冲突，巩固成员对团队环境的共识，并高效利用每个团队成员的知识、技能和能力来帮助团队走向成功。

—— 绝地管理者心无杂念 ——

绝地管理者会留意周围的事物。这意味着他们理解时间的重要性，活在当下。绝地武士还努力寻求正念，以便更好地觉察周围的环境，觉察自我，觉察周围的人们。正念有助于管理者感受事物间的互联，以及他们的决策如何影响周围环境。虽然这种觉察能力对一些人来说是天生的（他们生来就能对周围环境保持专注，产生认知），但其他想要成为绝地管理者的人必须努力培养这种能力。祈祷和冥想也大有裨益，成功的领导者可以考虑采用这种方式（如果他们尚未采取的话）。

正念的对立面是一心多用。当管理者想要快速或同时从事多项任务时，就会出现一心多用的情况，这会让人精疲力竭，疲惫不堪。即使是最老练的绝地武士或领导者，也无法长时间一心多用。当管理者处理多项重任时，他们必须找到放松、集中精力和管理压力的方法。他们还应该考虑分权放权，不但能减少一心多用的情况，还能对下属加以培养。

保持专注是为了减少杂乱的思绪、减轻压力，这样有助于你成为一名高效的领导者。所谓杂乱，我指的不仅仅是杂乱的工作环境，还包括繁忙的日程安排、成堆的工作任务以及不必要的冲突。所有这些都会带来压力，绝地管理者最好找到正确的方法来释放压力。但是，消除杂乱的思绪不仅仅是消除压力。管理者所做的一切无法为企业带来价值的活动都可以而且应当被废除。这些事情只会占用时间和精力，还会导致绝地管理者无法将精力放在真正重要的事情上。

—— 绝地管理者愿意为公共利益做出自我牺牲 ——

与绝地之道最接近的领导模式是服务型领导。在此模式中，领导者的主要作用是消除不利于下属发展的障碍，还有一个重要作用是确保自己所做的决策有助于促进和平、正义，有利于为公共利益服务。

当然，这便意味着绝地管理者可能要为他人服务而做出自我牺牲。他们通常要把自己的个人需求和愿望放在一边，专注于促进他人的良好利益。

然而问题是，决策的涟漪效应并不可测。因此，尽管绝地管理者在领导团队时试图促进他人良好发展，但有时由于环境固有的复杂性，他们还是无法取得良好结果。换句话说，领导者也许希望取得一个积极结果，但由于不可预见的情况而未能达成。

也就是说，试图理解决策如何影响他人的行为是一项崇高的事业，并且人们可以通过了解周围环境间的互联来促进自我发展。通过正念和自我反省，绝地管理者应该仔细斟酌自己的行事方式，以便更好地促进下属和组织环境的发展。

在进行这样的思考时，绝地管理者不能让自己的决策被个人的负面情绪过度笼罩。绝地管理者应尽可能理性地做出决策，同时也要知道决策的理性是有限的。压抑情绪有害无益，在很多情境下，相信自己的感觉大有裨益，但情绪必须通过逻辑和服务他人的精神来加以调节。

想要成为绝地管理者的人必须找到管理自己情绪的方法，尤其是管理负面情绪。当做决策时，他们必须不断思考自己的决策可能会对他人造成何种影响。绝地管理者应尽可能地选择那些有利于他人的决策，同时要明白他们的影响力会受到组织环境的限制。他们还必须意识到，不管他们是否拥有良好的出发点，领导者做出的决定不可能让每个人都感到满意。

— 绝地管理者技能娴熟、责任心强、品德高尚 —

绝地管理者寻求专注、平衡和自我约束。这些都需要反复的训练、充足的经验和准备。通过不断积累经验，使自己更加自律，绝地管理者还积累了充足的知识、技能和能力，而这些都将为组织所用。

随着技能的娴熟，绝地管理者还要参与德行培育，从而更加德高望重。成功的管理者通常能意识到他们既要履行职责又要坚守美德。这些美德包括勇气、智慧、正义和尊重。

当领导者仔细思考这些美德和责任时，他们会发现，在不同情况下它们的表现方式是不同的。他们也会认识到，他人总是会受到他们所做决策的影响。由于管理者追求共同利益，他们必须仔细斟酌决策对每个人的影响，特别是那些被边缘化的人，这便意味着决策并不总是取悦大多数人。

在管理者的职业生涯中，他们必须不断提升自己的技术和管理技能，但同时也不能忽视品德教育，这有助于他们培养一系列美德。对于那些有利于消除不公的美德和责任，我们应当特别注意。借助纪律和明确的价值观，掌握绝地之道的管理者能做出更加明晰的决策。

—— 绝地管理者想方设法以积极的方式影响他人 ——

领导者拥有多种提升影响力的渠道。领导者可以通过正式的头衔、施以奖励或惩罚、具有高水平的专业知识，或者与下属建立情感联系等来提升影响力。成功的领导者会从多个权力基础上汲取影响力。

对于绝地管理者来说，最强大的影响力之一源自专业技能。这意味着他们工作能力极强，拥有深厚的知识、高超的技能和能力，在团队中举足轻重。这些专业技能并不一定都是技术技能。事实上，在领导岗位中，拥有较强的理性思维能力、分析能力和人际交往能力也至关重要。

领导者持有的影响力基础越多，就意味着他们更易于让人们对其产生信赖，让别人更容易接受他们的价值观，并招募其他人加入他们的事业。因此，虽然成为某一特定领域的专家有助于提高领导力，那些拥有多个影响力基础的人则更容易在关键倡议和决策上得到追随。

—— 绝地管理者自信交流，引起听众共鸣 ——

成功的领导者对他们的目标受众知根知底。他们坚持传递真相，但面对特定的受众时，他们能够及时调整传递信息的方式。这便意味着用特定的词语或短语来组织信息，使听众产生共鸣。它也可以指使用特定的意象或例子来表达想法。善于沟通的领导者能够针对不同的听众，构建信息框架，便于听众理解。

绝地管理者也会自信地与人交流，这关系到个人风格。自信意味着领导者利用清晰而威严的语气，使用眼神交流，语调坚定，从而表明领导者冷静十足，掌握大局。有些人可能会称其为"绝地控心术"，如果领导者能掌握自己的谈话内容，这种方式就会行之有效，从而对他人产生影响。顺便说一下，领导者应该对他们所谈论的内容了然于胸。否则他们应该依从他人，听取那些更加见多识广的人的意见。

领导者若想自信地表达信息，他们必须对自己的听众了如指掌。这意味着他们必须聚焦于思维方式、理念和框架机制，以便对目标受众发出行动呼吁。换句话说，他们需要了解潜在追随者的动机，并在所传达的信息中强调这些动机，以达到鼓舞效果。

显然，领导者最重要的职责之一就是善于沟通。有很多途径可以帮助领导者成为更有效的沟通者，领导者可以阅读本书引用的与沟通相关的参考文献，并仔细思考如何改善自己的行事风格。在考虑如何改善自己的沟通风格时，领导者首先要设法了解目标受众中的群体和个人。

绝地管理者尊重他人差异

从归属团体的角度来界定自己，在一定程度上是每个人都会做的事情。有时，人们也会通过外界群体来定义自己（即非群体的成员或将自己视为此群体的"对立面"）。人们对群体的认同基于各种条件，包括年龄、宗教、职务、组织、种族、性别或其他特质。然而，一旦对内群体的人（即与自己相似的人）和外群体的人（即与自己不同的人）加以区分，就会引起偏见、刻板印象和歧视。

这些认同问题与多样性息息相关。人与人之间的一些差异可能源自外表或人口统计学特质，还可能是基于价值观或信仰的差异，而这些差异在第一印象中并不明显。

绝地武士以维护银河系的和平与正义为使命，并对所有人一视同仁。绝地武士在很多方面也具有包容性。然而，即使是绝地武士也存在着外群体，这些外群体限制着谁能加入绝地武士的队伍。外群体的存在可能会导致他们在选任绝地武士时做出不利决定，因为他们会根据年龄和家庭情况限制成员的选任。

如果你想要成为绝地管理者的领导者，那么你必须仔细思考自己以及他人的认同。你必须弄明白，谁是内群体的成员，谁是外群体的成员，并搞清楚原因。你认为你和这两个群体中的人是相似还是不同？绝地管理者必须反思这些认知是如何导致无意或潜意识的偏见的。通过反思目标受众群体的认知，你会对自己的偏见更加清晰。如果你的看法并不准确，那就寻求新的见解，防止任何形式的偏颇行为。

—— 绝地管理者在危机面前具有极强的适应力和韧性 ——

成功的管理者对自己所处环境了如指掌。他们也明白环境是如何随着时间而变化的。这就要求领导者砥志研思，笃学不倦。领导者必须尽最大努力知悉自己的环境，但他们也必须认清一点，由于环境的复杂性，他们无法理解环境的方方面面。为了理解环境中固有的复杂性，成功的领导者应该努力明晰群体中未言明的基本假设。

优秀的领导者还知道如何在改变以适应环境和保持不变之间寻求平衡。这种韧性根植于深刻的价值观，也可以根植于正面情绪，比如希望。寻求平衡的领导者会在变化和不变之间保持微妙的平衡。

尽管难乎其难，但要想在危机局势中生存和发展，必须达到适应力和韧性之间的平衡。领导者必须知道，随着环境的变化，他们能以何种方式做出改变，但也必须清楚，对于自我和价值观来说，哪些方面是永远不能舍弃的。只有如此，他们才能在危急关头维持某种程度的完整性和灵活性，从而引导其做出决策。

但对于绝地管理者来说，仅仅在适应力和韧性之间找到平衡还远远不够。他们还必须对组织加以调整，使其具备适应能力和韧性。这便意味着要引导组织了解周围环境，为团队成员灌输共同的价值观，并教导他们在寻求改变和坚守底线中找到平衡。

── 绝地管理者从失败中学习 ──

经验丰富的领导者知道自己不可避免地会遭遇失败。然而，优秀的领导者会将失败变成正面的体验。做法之一就是领导者要从错误中吸取教训。要做到这一点，领导者必须不断学习。

不可否认的是，对于那些注重工作的管理者和领导者来说，失败会带来负面情绪，同时也会引起下属的负面情绪。因此，将失败转化为正面体验不只是从错误中学习，还能够有效管理情绪。

即便是面对弱点，优秀的领导者也要把自己从失败中吸取的经验和教训分享给别人。他们乐于与学员讨论自己的不足。他们希望能指导组织内那些未来的领导者，教导他们不会再犯同样的错误。

将自己的不足开诚布公有助于避免他人对领导者的盲目崇拜。我说的这种盲目崇拜，是指人们认为领导者是绝对正确、完美无缺或无往不胜的。实际上，没有一个领导者是十全十美的。大多数领导者只是达成了一定程度的成功、影响力和操守。因此，认为领导者完美无瑕是不合适的。这并不是说不应该对领导人抱有很高的要求，而是说我们不应该期望所有的问题都能由领导者完美地解决。

当然，想成为绝地管理者的人应该尽量避免失败。然而，他们也会意识到，偶尔的失败不可避免，但也可以预料。但他们绝不能沉湎于自己的失败。他们必须从中吸取教训，控制自己的情绪，并把所学到的东西传递下去，这样他人才不会犯同样的错误。最重要的是，他们必须展现自己人性化的一面，从而调整下属对他们的期望。

—— 绝地管理者能抵制黑暗面的诱惑 ——

黑暗面领导实行铁腕管理。通常，他们对表现不佳的下属施以惩罚，从而扩大自己的影响力。虽然短期内这会在特定情况下产生效果，但如果长期使用，或者如果领导者无法坚持惩罚措施，它的效果会大打折扣。

黑暗面领导者利用恐惧进行管理。但一旦下属不再恐惧，他们的影响力就会减弱。原因之一是，长期通过恐惧和惩罚进行管理的黑暗面领导者，会导致下属丧失工作动机。这显然不利于下属的工作表现。虽然黑暗面领导者有时可以保证下属完成任务，但当这些领导者不在场或无法利用恐惧时，下属的表现就会十分糟糕。

黑暗面领导者将自己的职务视为权力和地位的象征。因此，黑暗面领导者会为了个人利益而行事。多数情况下，他们的价值观是自私的，关注点很片面，很少考虑大局。这种行事方式并不妥当，因为他们可能意识不到情况的特殊性，也没有考虑其他群体的看法。

然而，尽管如此，一些刚刚踏上绝地之路的管理者最终还会投向黑暗面。当领导者在寻求公正、和平和合作时没有收获立竿见影的效果，当他们误以为通过恐吓、惩罚和恐惧来施加影响的领导者可以更快实现目标时，这样的情况就会发生。黑暗面领导者通常还极富个人魅力，这就会导致其他人以他们为榜样，并接纳他们的领导风格。当领导者拥有权威地位后，他们可能会形单影只，这时他们容易被黑暗面所诱惑。一旦发生这样的事情，他们就会和他们本应为之效劳的人渐行渐远，而这些人对他们的人生有正面的影响。

真正的绝地武士必须抵抗黑暗面的诱惑。他们必须勇敢地面对团队、组织和社会中的压迫、边缘化和歧视现象。他们必须坚持促进共同利益的积极价值观。他们要铭记于心，领导者从根本上来说是一名推动者、教育者和服务者。但对于那些迷失方向的绝地管理者来说，希望永不泯灭。重新审视你身边的正面效应，不断反思你的价值观，反思你的决策会有何种影响，这一点永远不会太迟。

—— 小结 ——

希望本书能帮助你迈出第一步，让你以更广阔的视野，了解如何成为更优秀的管理者。在本书末尾，我们详细阐述了贯穿全书的关键要点，让那些想成为绝地管理者的人思路更加明晰，从而能够付诸实践。简而言之，从《星球大战》系列电影在现实世界组织中的分析和应用来看，成为一名绝地管理者要做到：

- 帮助他人成长，同时也不断完善自我。
- 为团队服务。
- 心无杂念。
- 愿意为公共利益做出自我牺牲。
- 技能娴熟、责任心强、品德高尚。
- 想方设法以积极的方式影响他人。
- 自信交流，引起听众共鸣。
- 尊重他人差异。
- 在危机面前具有极强的适应力和韧性。
- 从失败中学习。
- 抵制黑暗面的诱惑。

总之，这十一种理念与诸多专业领导力理论十分切合。我希望你能够仔细斟酌，充分了解在组织中它们对你的领导管理会有何影响。我相信，这些方法不仅有助于你成为绝地管理者，还将为"银河系带来和平与繁荣"。所以，不要只是纸上谈兵，要下决心去做。借助欧比-旺曾经告诉卢克的一句话：愿这些"高效的管理技巧"永远与你同在！

参考文献

Abrams, J. J. (2015). *Star Wars: The Force awakes.* San Francisco, CA: Lucasfilm/ Walt Disney Pictures.

Abrams, J. J. (2019). *Star Wars: The rise of skywalker.* San Francisco, CA: Lucasfilm/ Walt Disney Pictures.

Adler, R. F., & Benbunan-Fich, R. (2012). Juggling on a high wire: Multitasking effects on performance. *International Journal of Human–Computer Studies, 70*(2), 156–168.

Albrecht, K. (2010). *Stress and the manager.* New York, NY: Simon and Schuster.

Allison, S. T., Goethals, G. R., & Kramer, R. M. (Eds.). (2016). *Handbook of heroism and heroic leadership.* Oxford: Taylor & Francis.

Angermeyer, M. C., & Matschinger, H. (2005). Labeling – Stereotype – Discrimination. *Social Psychiatry and Psychiatric Epidemiology, 40*(5), 391–395.

Ashforth, B. E., Harrison, S. H., & Corley, K. G. (2008). Identification in organizations: An examination of four fundamental questions.*Journal of Management, 34*(3), 325–374.

Ashforth, B. E., & Mael, F. (1989). Social identity theory and the organization. *Academy of Management Review, 14*(1), 20–39.

Asmussen, S. (2019). *Star Wars Jedi: Fallen order.* Sherman Oaks, CA: Respawn Entertainment/Electronic Arts.

Banks, G. C., Engemann, K. N., Williams, C. E., Gooty, J., McCauley, K. D., &

Medaugh, M. R. (2017). A meta-analytic review and future research agenda of charismatic leadership. *The Leadership Quarterly*, *28*(4), 508–529.

Barry-Biancuzzo, A. (2019). 5 inspirational works of art from Sabine Wren. Accessed on April 19, 2020.

Bass, B. M. (1990). From transactional to transformational leadership: Learning to share the vision. *Organizational Dynamics*, *18*(3), 19–31.

Bass, B. M., & Avolio, B. J. (1993). Transformational leadership and organizational culture. *Public Administration Quarterly*, *17*(1), 112–121.

Bassil-Morozow, H. (2018). *Jungian theory for storytellers: A toolkit*. New York, NY: Routledge.

Baxter, L. A. (2010). *Voicing relationships: A dialogic perspective*. Thousand Oaks, CA: Sage Publication.

Benjamin, O. (2019). *The Tao of the Jedi*. Walnut, CA: Independent Spiritual Ministries.

Beyer, C. (2019, August 22). The Jedi code's four truths. Retrieved from https://www.learnreligions.com/the-jedi-code-95910. Accessed on December 14, 2019.

Blauvelt, C. (2019). *How not to get eaten by ewoks and other galactic survival skills*. New York, NY: Random House.

Bona Fide Occupational Qualification. (n.d.). US legal.Accessed on April 6, 2020.

Bortolin, M. (2012). *The dharma of Star Wars*. New York, NY: Simon and Schuster.

Brotheridge, C. M., & Grandey, A. A. (2002). Emotional labor and burnout: Comparing two perspectives of "people work". *Journal of vocational behavior*, *60*(1), 17–39.

Coverman, S. (1989). Role overload, role conflict, and stress: Addressing consequences of multiple role demands. *Social Forces*, *67*(4), 965–982.

Cox, T. (1994). *Cultural diversity in organizations: Theory, research, and practice*. Oakland, CA: Berrett-Koehler Publishers.

Daft, R. L. (2014). *The leadership experience*. Stamford, CT: Cengage Learning.

Edmondson, A. C. (2011). Strategies for learning from failure. *Harvard Business Review*, *89*(4), 48–55.

Edwards, G. (2016). *Rogue one: A Star Wars story*. San Francisco, CA: Lucasfilm/ Walt Disney Pictures.

Erickson, D. L. (2016). Integrating body, mind, and spirit: An essay reviewing the physiological, psychological, and spiritual benefits of meditation. *Journal of Transpersonal Research*, *8*(2), 147–159.

Fairhurst, G. T. (2010). *The power of framing: Creating the language of leadership*. Hoboken, NJ: John Wiley & Sons.

Favreau, J., Filoni, D., Kennedy, K., & Wilson, C. (2019). *The mandalorian*. San Francisco, CA: Lucasfilm/Walt Disney Pictures.

Filoni, D. (2008–2014, 2020). *Star Wars: The clone wars*. San Francisco, CA: Lucasfilm/ Walt Disney Pictures.

Fiske, S. T. (1998). Stereotyping, prejudice, and discrimination. *The Handbook of Social Psychology*, *2*(4), 357–411.

Foucault, M. (2012). *Discipline and punish: The birth of the prison*. New York, NY: Vintage.

Francis, P. (2015). *Laudato Si: Care for our common home*. Pauline Books & Media: Boston, MA.

French, J. R. P., Jr, & Raven, B. (1959). The bases of social power. In D. Cartwright (Ed.), *Studies in social power* (pp. 150–167). Ann Arbor, MI: Institute for Social Research.

Fyke, J. P., & Buzzanell, P. M. (2013). The ethics of conscious capitalism:

Wicked problems in leading change and changing leaders. *Human Relations, 66*(12), 1619–1643.

Gale, E. (n.d.). Comparing the Holy Spirit and the Force in a "New Hope." *The Christian Jedi.* and-the-force-in-a-new-hope-part-i/. Accessed on June 13, 2020.

Gigerenzer, G., & Selten, R. (Eds.). (2002). *Bounded rationality: The adaptive toolbox.* Cambridge, MA: MIT Press.

Gladwell, M. (2008). *Outliers: The story of success.* New York, NY: Little, Brown.

Goleman, D. (2006). *Emotional intelligence.* New York, NY: Bantam.

Gordan, M., & Amutan, K. I. (2014). A review of BF Skinner's reinforcement theory of motivation. *International Journal of Research in Education Methodology, 5*(3), 680–688.

Greenleaf, R. K. (1977). *Servant leadership: A journey into the nature of legitimate power and greatness.* Mahwah, NJ: Paulist Press.

Harris, L. (2020). The Force is strong with these 101 most epic "*Star Wars*" quotes ever. *Parade.* May 4. Accessed on June 8, 2020.

Hersey, P, Blanchard, K H, et al. (2007). *Management of organizational behavior* (Vol. 9). Upper Saddle River, NJ: Prentice Hall.

Hilton, J. L., & Von Hippel, W. (1996). Stereotypes. *Annual Review of Psychology, 47*(1), 237–271.

Hisker, W. J., & Urick, M. J. (2019). Benedictine leadership. *Journal of Leadership and Management, 1*(15), 256–262.

Hogg, M. A. (2016). Social identity theory. In S. McKeown, R. Haji, & N. Ferguson (Eds.), *Understanding peace and conflict through social identity theory* (pp. 3–17). New York, NY: Springer.

Hogg, M. A., & Terry, D. J. (2001). Social identity theory and organizational processes. In M. A. Hogg & D. J. Terry (Eds.), *Social identity processes in organizational contexts* (pp. 1–12). Philadelphia, PA: Psychology Press.

Hunt, D. M., & Michael, C. (1983). Mentorship: A career training and development tool. *Academy of Management Review*, *8*(3), 475–485.

Ilgen, D. R., Hollenbeck, J. R., Johnson, M., & Jundt, D. (2005). Teams in organizations: From input–process–output models to IMOI models. *Annual Review of Psychology*, *56*, 517–543.

Ismail, A., Ridzwan, A. A., Ibrahim, W. N. A. W., & Ismail, Y. (2015). Effect of mentorship program on mentees' psychosocial development. *International Letters of Social and Humanistic Sciences*, *49*(1), 53–65.

Johnson, R. (2017). *Star Wars: The last Jedi*. San Francisco, CA: Lucasfilm/Walt Disney Pictures.

Jones, D. M. (2017). *Become the Force: 9 lessons on how to live as a Jediist master*. London: Watkins.

Jørgensen, M. W., & Phillips, L. J. (2002). *Discourse analysis as theory and method*. Thousand Oaks, CA: Sage.

Judge, T. A., & Piccolo, R. F. (2004). Transformational and transactional leadership: A meta-analytic test of their relative validity. *Journal of Applied Psychology*, *89*(5), 755–768.

Jung, C. G. (2014). *The archetypes and the collective unconscious*. New York, NY: Routledge.

Kane, A. (2017). 40 memorable "Star Wars" quotes. *StarWars.com*, May 23. Retrieved from https://www.starwars.com/news/40-memorable-star-wars-quotes. Accessed on June 8, 2020.

Karimi, L., Kent, S. P., Leggat, S. G., Rada, J., & Angleton, A. (2019). Positive effects of workplace meditation training and practice. *International Journal of Psychological Studies*, *11*(1), 15–25.

Kershner, I. (1980). *Star Wars: The empire strikes back*. San Francisco, CA: Lucasfilm/20th Century Fox.

Kinberg, S., Filoni, D., & Weisman, G. (2014–2018). *Star Wars: Rebels*. San Francisco, CA: Lucasfilm/Walt Disney Pictures.

Kotter, J. P. (2012). *Leading change*. Harvard, MA: Harvard Business Press.

Kouzes, J. M., & Posner, B. Z. (2012). *The leadership challenge: How to make extraordinary things happen in organizations*. San Francisco, CA: Jossey-Bass.

Langan-Fox, J., Anglim, J., & Wilson, J. R. (2004). Mental models, team mental models, and performance: Process, development, and future directions. *Human Factors and Ergonomics in Manufacturing & Service Industries*, *14*(4), 331–352.

Langley, T. (Ed.). (2015). *Star Wars psychology: The dark side of the mind*. New York, NY: Sterling.

Lenker, M. J. (2020). The best quotes from all the Star Wars movies. *Entertainment Weekly*, January 2. Retrieved from https://ew.com/movies/2020/01/02/star-warsmovies-best-quotes/. Accessed on June 8, 2020.

Lucas, G. (1977). *Star Wars: A new hope*. San Francisco, CA: Lucasfilm/20th Century Fox.

Lucas, G. (1999). *Star Wars: The phantom menace*. San Francisco, CA: Lucasfilm/20th Century Fox.

Lucas, G. (2002). *Star Wars: Attack of the clones*. San Francisco, CA: Lucasfilm/20th Century Fox.

Lucas, G. (2005). *Star Wars: Revenge of the Sith*. San Francisco, CA: Lucasfilm/20th Century Fox.

Marquand, R. (1983). *Star Wars: Return of the Jedi*. San Francisco, CA: Lucasfilm/20th Century Fox.

Morris, J. A., & Feldman, D. C. (1996). The dimensions, antecedents, and consequences of emotional labor. *Academy of Management Teview*, *21*(4), 986–1010.

Palumbo, D. E. (2014). *The monomyth in American science fiction films: 28 visions of the hero's journey* (Vol. 48). Jefferson, NC: McFarland & Co.

Petchsawang, P., & Duchon, D. (2012). Workplace spirituality, meditation, and work performance. *Journal of Management, Spirituality, & Religion, 9*(2), 189–208.

Petchsawang, P., & McLean, G. N. (2017). Workplace spirituality, mindfulness meditation, and work engagement. *Journal of Management, Spirituality & Religion, 14*(3), 216–244.

Peters, T. D. (2012). "The Force" as law: Mythology, ideology and order in George Lucas's "Star Wars." *Australian Feminist Law Journal, 36*(1), 125–143.

Podsakoff, N. P., Podsakoff, P. M., & Kuskova, V. V. (2010). Dispelling misconceptions and providing guidelines for leader reward and punishment behavior. *Business Horizons, 53*(3), 291–303.

Poposki, E. M., & Oswald, F. L. (2010). The multitasking preference inventory: Toward an improved measure of individual differences in polychronicity. *Human Performance, 23*(3), 247–264.

Ratcliffe, A. (2016). 5 symbols in the "Star Wars" universe. *StarWars.com*, February 2. Accessed on April 19, 2020.

Scandura, T. A. (1992). Mentorship and career mobility: An empirical investigation. *Journal of Organizational Behavior, 13*(2), 169–174.

Scheepers, D., & Derks, B. (2016). Revisiting social identity theory from a neuroscience perspective. *Current Opinion in Psychology, 11*, 74–78.

Schein, E. H. (2010). *Organizational culture and leadership* (2nd ed.). Hoboken, NJ: John Wiley & Sons.

Schoenewolf, G. (1990). Emotional contagion: Behavioral induction in individuals and groups. *Modern Psychoanalysis, 15*(1), 49–61.

Senge, P. M. (2006). *The fifth discipline: The art and practice of the learning organization*. Danvers, MA: Broadway Business.

Sethuraman, K., & Suresh, J. (2014). Effective leadership styles. *International Business Research*, *7*(9), 165–172.

Shefrin, E. (2004). Lord of the Rings, Star Wars, and participatory fandom: Mapping new congruencies between the internet and media entertainment culture. *Critical Studies in Media Communication*, *21*(3), 261–281.

Skogstad, A., Hetland, J., Glasø, L., & Einarsen, S. (2014). Is avoidant leadership a root cause of subordinate stress? Longitudinal relationships between laissez-faire leadership and role ambiguity. *Work & Stress*, *28*(4), 323–341.

Sliskovic, T., Phillips, D. J., & Tipuric, D. (2016). It's lonely at the top for men: A gendered perspective on trust in managerial social networks. *Academy of Management Proceedings*, *1*, online only.

Sprinkle, T. A., & Urick, M. J. (2018). Three generational issues in organizational learning: Knowledge management, perspectives on training and "low-stakes" development. *The Learning Organization*, *25*(2), 102–112.

Stewart, G. L. (2006). A meta-analytic review of relationships between team design features and team performance. *Journal of Management*, *32*(1), 29–55.

Sunstein, C. R. (2019). *The world according to Star Wars*. New York, NY: HarperCollins.

Szpaderski, A., & Urick, M. J. (2018). Introduction: The importance of leadership theory. In A. Szpaderski & M. Urick (Eds.), *Essential principles for managers: Innovative approaches to examining foundational theories of management and leadership* (pp. 7–10). Douglassville, PA: HPL Publications,Inc.

Tuckman, B. W., & Jensen, M. A. C. (1977). Stages of small-group development revisited. *Group & Organization Management*, *2*(4), 419–427.

Turner, J. C., & Giles, H. (1981). *Intergroup behavior*. Oxford: Basil

Blackwell.

Tzu, S. (2007). *Sun-Tzu on the art of war: The oldest military treatise in the world.* Toronto, ON: Global Language Press.

Uhl-Bien, M., Marion, R., & McKelvey, B. (2007). Complexity leadership theory: Shifting leadership from the industrial age to the knowledge era. *The Leadership Quarterly, 18*(4), 298–318.

Urick, M. J. (2016). Mentoring in the movies. *Journal of Intergenerational Relationships, 14*(3), 268–270.

Urick, M. J. (2018). Becoming a Jedi manager: The Force awakens through classic leadership perspectives. *Journal of Leadership and Management, 4*(14), 206–211.

Urick, M. J. (2019). *The generation myth: How to improve intergenerational relationships in the workplace.* New York, NY: Business Expert Press.

Urick, M. J., Gnecco, J., Jackson, D., Greiner, M., & Sylada, S. (2015). Perceptions of business leaders: An examination of portrayals in US motion pictures. *Journal of Leadership and Management, 3*(5–6), 11–22.

Urick, M. J., Hollensbe, E. C., Masterson, S. S., & Lyons, S. T. (2016). Understanding and managing intergenerational conflict: An examination of influences and strategies. *Work, Aging and Retirement, 3*(2), 166–185.

Wakeman, G. (2020). Even George Lucas doesn't know what "Star Wars" is so popular. *Yahoo! Sports*, May 22. Accessed on June 8, 2020.

Wallace, D. (2012). *The Jedi path: A manual for students of the Force.* Bellevue, WA: Becker & Mayer.

Watson, J. M., & Strayer, D. L. (2010). Supertaskers: Profiles in extraordinary multitasking ability. *Psychonomic Bulletin & Review, 17*(4), 479–485.

Weick, K. E., & Sutcliffe, K. M. (2001). *Managing the unexpected* (Vol. 9). San Francisco, CA:Jossey-Bass.

Wilkens, S. (2011). *Beyond bumper sticker ethics: An introduction to theories of right and wrong*. Downers Grove, IL: Intervarsity Press.

Windham, R. (2007). *Jedi vs. Sith: The essential guide to the Force*. New York, NY: Del Rey Publishing.

Zahn, T. (1992–1993). *The thrawn trilogy*. New York, NY: Bantam Books.

附录一
表1 本书提及的《星球大战》人物及简介

人物	简介
帕德梅	前纳布女王,银河议会成员 与阿纳金秘密成婚 卢克和莱娅的母亲
卡西安	义军联盟的早期成员和领袖 招募琴加入"侠盗一号"
埃兹拉	拥有原力能力的年轻罪犯 加入了凯南的叛军组织,并学习原力之道
BB-8	机器人 蕾伊、波·达默龙和抵抗组织的朋友和同事
C-3PO	机器人 义军联盟和抵抗组织的一员,帮助打倒邪恶的帝国和第一秩序
兰多	在被达斯·维德出卖后,成为义军联盟和抵抗组织的一员,帮助打倒邪恶的帝国和第一秩序
楚巴卡	千年隼号宇宙飞船的副驾驶员 义军联盟和抵抗组织的一员,帮助打倒邪恶的帝国和第一秩序
杜库伯爵	前绝地武士 投向了黑暗面 也被称为达斯·泰拉纳斯 被帕尔帕廷抛弃的学徒

续表

人物	简介
波·达默龙	抵抗组织中的非绝地将军 蕾伊、莱娅的朋友和同事 帮助打破第一秩序
达斯·摩尔	西斯的黑暗魔王 帕尔帕廷的前徒弟
达斯·维德	邪恶的半人半机器的西斯黑暗尊主 卢克之父 前绝地武士,曾用名阿纳金 跟随欧比-旺学习了绝地之道
琴	前帝国囚犯 其父亲参与设计了死星 "侠盗一号"团队的实际领导者,为义军联盟提供了死星计划的情报
芬恩	前第一秩序冲锋队员 后加入抵抗组织 与蕾伊和波·达默龙成为朋友
比布	赫特人贾巴的"守卫" 易受绝地控心术的影响
格洛古	与尤达同一种族的原力使用者
奇鲁特	威尔守卫中的原力敏感者 "侠盗一号"小队成员 向义军联盟提供死星计划的情报
赫特人贾巴	住在塔图因的匪徒 不易受绝地控心术的影响
凯南	66号指令大清洗后仅存的绝地武士之一 反抗帝国的叛军首领 教导埃兹拉原力之道

续表

人物	简介
奎-刚	绝地大师 支持训练阿纳金 欧比-旺的导师 在与达斯·摩尔的光剑战斗中被杀,融入原力
K-2SO	前帝国机器人 加入"侠盗一号"小队 拥有极高的人工智能,帮助团队取得成功
欧比-旺	绝地大师 流亡塔图因时名字叫"本" 用原力之道训练阿纳金 帮助卢克首次踏入原力 在与达斯·维德的光剑决斗中被杀 死后融入原力,并以绝地英灵的形态帮助卢克
凯洛	伦武士的首领 杀死斯努克后被任命为第一秩序的最高领袖 原名本·索罗
贝兹	"侠盗一号"的成员 战斗技巧丰富,帮助团队获得成功
莱娅	被卢克训练成绝地武士 卢克的妹妹 阿纳金的女儿 被奥德朗家族收养 抵抗组织的将军 蕾伊的导师
帕尔帕廷	西斯的黑暗尊主,尊号达斯·西迪厄斯 皇帝 蕾伊的祖父 各个西斯的导师,包括达斯·维德

续表

人物	简介
R2-D2	机器人 义军联盟和抵抗组织的一员,帮助打倒邪恶的帝国和第一秩序
菩提	帝国叛逃者 "侠盗一号"的成员 对帝国的了解帮助队伍获得成功
阿纳金	绝地大师 阿索卡的导师 欧比-旺的徒弟 卢克和莱娅的父亲 被帕尔帕廷诱惑转向黑暗面,成为达斯·维德 被卢克带回光明面
卢克	绝地大师 阿纳金之子 莱娅的兄弟 年幼时躲在塔图因以躲避达斯·维德 长大后成为绝地武士,摧毁了死星 打败了皇帝帕尔帕廷,将达斯·维德带回光明面 训练过蕾伊 在穿越银河系与凯洛决斗后与原力融为一体
蕾伊	卢克的绝地学徒 帕尔帕廷的亲生孙女 拥有强大原力 由于与卢克和莱娅的关系,被称为"天行者" 招募卢克对抗第一秩序,击败复活的皇帝帕尔帕廷,劝说凯洛回归光明面

续表

人物	简介
斯努克	第一秩序的神秘最高领袖 被凯洛意外杀死
本·索罗	汉·索罗和莱娅的儿子 被卢克训练成绝地武士但却转向了黑暗面 以凯洛的身份出现
汉·索罗	卢克的非绝地好友 莱娅·奥加纳的丈夫 本·索罗（后来成为凯洛）之父 蕾伊的非正式导师 随着时间的推移逐渐认识到绝地之道的益处
阿索卡	阿纳金的徒弟 在被冤枉有罪后自愿离开绝地武士团
梅斯	强大的绝地武士 绝地委员会成员
尤达	聪明矮小的绝地大师 参与训练卢克 说服卢克加入抵抗组织对抗凯洛和第一秩序

附录二
表 2　本书提及的故事情节

片名	分类	发行日期	概述
《幽灵的威胁》（天行者系列第一部；前传三部曲）	电影（导演：乔治·卢卡斯）	1999 年	阿纳金是一位原力敏感者，绝地武士奎-刚和欧比-旺支持他受训成为绝地武士
《克隆人的进攻》（天行者系列第二部；前传三部曲）	电影（导演：乔治·卢卡斯）	2002 年	绝地大师欧比-旺坚持训练徒弟阿纳金，克隆人军队出现，银河内战爆发
《克隆战争》	动画剧集（戴夫·费罗尼执导）	2008—2014 年，2020 年	这部动画电视连续剧共七季，讲述了阿索卡、阿纳金、欧比-旺和其他绝地武士的冒险经历

续表

片名	分类	发行日期	概述
《西斯的复仇》（天行者系列第三部；前传三部曲）	电影（导演：乔治·卢卡斯）	2005年	阿纳金转向黑暗面，成为达斯·维德，绝地武士被66号指令大清洗（幸存的人开始流亡），银河帝国诞生
绝地：陨落的武士团	电子游戏（游戏总监：史狄克·艾斯穆森）	2019年	游戏背景是银河帝国崛起的过程，玩家扮演的角色是帕塔瓦人
《义军崛起》	电视节目（执行制片人西蒙·金伯格、戴夫·菲隆和格雷格·韦斯曼）	2014—2018年	这部动画剧集共四季，讲述了新生的反抗组织与邪恶帝国的战斗，埃兹拉·布里杰向凯南学习原力之道
《侠盗一号》	电影（导演：加里斯·爱德华斯）	2016年	一个隶属于义军联盟的小队以"侠盗一号"的名义，试图从邪恶帝国手中夺取超级武器死星的情报
《新希望》（天行者系列第四部；正传三部曲）	电影（导演：乔治·卢卡斯）	1977年	《星球大战》正传电影。卢克和他的朋友们加入了义军联盟，从达斯·维德、邪恶帝国手中救出莱娅公主，并摧毁了死星

续表

片名	分类	发行日期	概述
《帝国反击战》（天行者系列第五部；正传三部曲）	电影（导演：厄文·克什纳）	1980年	义军联盟正在逃离银河帝国的追捕；卢克跟随尤达受训成为一名绝地武士，并得知达斯·维德是他的父亲
《绝地归来》（天行者系列第六部；正传三部曲）	电影（导演：理查德·马昆德）	1983年	卢克天行者与达斯·维德和皇帝帕尔帕廷对抗；义军联盟击败银河帝国
《曼达洛人》	电视剧集（执行制片人乔恩·费儒，戴夫·费罗尼，凯瑟琳·肯尼迪，科林·威尔逊）	2019年	剧集主要讲述了不惜一切代价保护格罗古
《索龙三部曲》《帝国传承》《黑潮汹涌》《最终指令》	小说（作者：蒂莫西·扎恩）	1991—1993年	交替时间线的冒险，卢克探索成为绝地武士的意义，并与朋友们一起对抗帝国的残余势力

续表

片名	分类	发行日期	概述
《原力觉醒》（天行者系列第七部；后传三部曲）	电影（导演：J.J.艾布拉姆斯）	2015年	卢克失踪了，蕾伊和与抵抗组织和前义军联盟的成员组成队伍，寻找卢克，请求他协助他们对抗邪恶的第一秩序
《最后的绝地武士》（天行者系列第八部；后传三部曲）	电影（导演：莱恩·约翰逊）	2017年	尽管卢克并不情愿，但他还是指导蕾伊进行绝地训练。最终，她说服卢克加入战斗，对抗凯洛和第一秩序
《天行者崛起》（天行者系列第九部；后传三部曲）	电影（导演：J.J.艾布拉姆斯）	2019年	蕾伊成长为一名绝地武士，了解了更多自己的过去，并帮助抵抗组织击败了第一秩序和复活的皇帝帕尔帕廷

致谢

我要感谢很多人，感谢他们对我个人和本书的支持。

首先，我要感谢我的家人。感谢露西和珍妮特，在本书的写作和修改过程中，我投入了大量的时间和精力，这个过程是煎熬的，感谢你们的包容，感谢你们的耐心和理解。我常常痴迷于《星球大战》，随着本书写作的进行，我越发不能自拔，感谢你们的迁就。此外，特别感谢珍妮特通读了本书的初稿，并提出了宝贵的意见。感谢我的父母，米奇和里克，感谢你们一贯支持，陪我左右。童年时代，是你们最先带我认识各种事物（包括《星球大战》），这些事物造就了我，激发了我的想象力。你们对我生活方方面面的影响数不胜数，当然，也对我研究领导力和流行文化产生了深远的影响。

其次，我要感谢爱墨瑞得团队，感谢你们的信任，我才有机会担任该系列丛书的编辑和作者。我特别要感谢菲奥娜·艾莉森（Fiona Allison）对本书的付出。感谢你帮我实现了这个梦想，感谢你的正能量，感谢你对本书和该系列丛书的支持。当我们第一次会谈，我提到这本书和该系列丛书的想法时，我以为你会一笑置之，但你却说"想法不错"。自此之后，你就一直支持和推动项目的进展。

最后，我要感谢内森·唐（Nathan Tong）博士和杰里米·伍兹（Jeremy Woods）博士，感谢你们阅读本书初稿。你们的建议对本书大有裨益。

我也要感谢我在圣文森特学院的同事们，有些同事第一次听说这个项目时几乎和我一样兴奋。特别要感谢我的院长加里·昆利文（Gary Quinlivan）博士和教务副院长约翰·斯麦坦卡（John Smetanka）博士，是你们给予我支持，让我能够从事我的研究和写作，即使它们看起来有点"古怪"。我还要感谢杰森·杰维登（Jason Jividen）博士，在与他一次偶然谈话中，他点燃了我灵感的火花。

我还要感谢我的同事亚当·斯泽帕德斯基（Adam Szpaderski）教授。亚当·斯泽帕德斯基教授是《领导与管理杂志》的主编，我曾在该杂志上发表过一篇关于《星球大战》领导力的文章。那篇文章也融入了本书内容中，成了本书出版的敲门砖。许多编辑可能会"直接拒稿"，是你给了那篇文章机会，它才能接受同行评审，并最终发表。感谢你做的一切，我的好同事。

特拉维斯·兰利（Travis Langley）博士为本书和该系列丛书提出了非常有用的建议。谢谢你和我分享专业知识。

当然，我必须感谢乔治·卢卡斯和所有创作《星球大战》电影、书籍、节目和其他相关媒体工作的创意人员。你们创造的角色、情境和虚拟世界一直激励着我和其他许多人。感谢你们分享想象力，给我们讲述这些故事，让我们的想象力也可以自由驰骋。